S)

Sacré-Cœur

La Villette

MONTMARTRE   Gare du Nord

Gare de l'Est

Parc des
Buttes-Chaumont

Canal St-Martin

usée du
ouvre   Place de la République

Forum
des Halles

Centre
Georges Pompidou

Notre-Dame

QUARTIER
DU MARAIS

Cimetière du
Père-Lachaise

Ile de la Cité

in-des-Prés

Ile St-Louis   Bd. Henri IV

Bd. St-Germain
Sorbonne   Opéra
                                Bastille

                               Bd. Diderot   Place de la Nation

ourg   Institut du
               Monde Arabe   Gare de Lyon

Panthéon   Jardin des Plantes
QUARTIER LATIN   Ministère des Finances

du Montparnasse
                    Gare
                    d'Austerlitz

SE   Palais Omnisport
                                de Paris-Bercy

      Place d'Italie   Bois de Vincennes

           Bibliothèque Nationale

Parc Montsouris

                                        Seine

rsitaire

Nouvelle édition

VAS-Y!

Yasuko Tanabe
Yuriko Nishibe

SURUGADAI-SHUPPANSHA

音声について

本書の音声は，下記サイトより無料でダウンロード，
およびストリーミングでお聴きいただけます．

https://stream.e-surugadai.com/books/isbn978-4-411-01140-4/

＊ご注意
・PC からでも，iPhone や Android のスマートフォンからでも音声を再生いただけます．
・音声は何度でもダウンロード・再生いただくことができます．
・当音声ファイルのデータにかかる著作権・その他の権利は駿河台出版社に帰属します．
　無断での複製・公衆送信・転載は禁止されています．

本書には教科書に準拠した教室用 DVD があり，ご採用の先生に献呈しております．
同じ内容の動画を下記サイトで公開しております．

https://www.youtube.com/channel/UC4jdTwQu1pT0wt7iURkXJ7Q/videos

イラスト：　　　稲田里弥
写真提供：　　　井田純代　細野一芳　塚越敦子　北村海人　尾崎恵美　田辺保子
録音：　　　　　ジャニック・マーニュ　フィリップ・ジョルディ
校閲：　　　　　リシャール・スティエンヌ
装幀・デザイン：　die

はじめに

　Vas-y！は会話表現の練習や文法知識の習得を通じて，総合的なフランス語力をつけるための教科書です．

　自分の思いが伝わったときの喜びや，読んだり聞いたりした言葉が理解できたときの感動は，語学の勉強を通じて味わえる最高な幸せだと思います．フランス語の学習をしながらそんな楽しみも感じられるように，本書ではいろいろな工夫をしています．

　本書の構成は以下の通りです．

会話：各課の最初にその課で習う文法項目を含んだ対話文が出てきます．フランスで出会った大学生アンヌ・ジョルディ Anne Jordy と木村純 Jun Kimura が，自分や家族の紹介をしたり，さまざまな事柄について尋ね合ったり説明したりします．対話は基本表現を含んだ短い文章ですのでそのまま覚えてしまいましょう．

文法説明：発音の基礎から始まり，初級文法を一通り学習します．「きまり」を覚える地道な作業もフランス語の勉強には欠かせません．

vocabulaire *expressions*：学んだ知識を「使える」ものにするためにも語彙を増やし，日常会話でよく使われる定型表現を覚えましょう．各課でテーマ別に整理してあります．

📖：その課で習う文法事項に関連する固有名詞の本のタイトルやシャンソンのリフレイン，詩の一節などを紹介しています．「フランス語知恵袋」として楽しんでください．

Exercices：文法の復習ページです．聞き取りの力をつけるために最後の問題は音声問題となっています．読まれたフランス語を聞きながら解いてみましょう．このページの問題は，フランス語検定試験5級・4級受験対策に役立ちます．

civilisation française：フランス語を理解するには，言葉の仕組みを学ぶだけでは十分とはいえません．その背景にある文化にも興味を広げてみましょう．各課の最後のページでは，さまざまな角度からフランス，フランス語そしてフランス文化に光をあてています．フランスを発見することは，日本を見つめ直すことにもつながります．「フランスの今」を「日本」と関連付けて紹介しています．

　Vas-y！とは，「さあ，頑張って」というような応援の言葉です．これからフランス語の世界へ歩みを進める学生の皆さんにエールを送るとともに，この教科書がよき道しるべとなることを願っています．

著　者

目　次

Leçon 0

● アルファベ (Alphabet) ●

A a ア	**B b** ベ	**C c** セ	**D d** デ	**E e** ウ	**F f** エフ
G g ジェ	**H h** アッシュ	**I i** イ	**J j** ジ	**K k** カ	**L l** エル
M m エム	**N n** エヌ	**O o** オ	**P p** ペ	**Q q** キュ	**R r** エール
S s エス	**T t** テ	**U u** ユ	**V v** ヴェ	**W w** ドゥブルヴェ	
X x イクス	**Y y** イグレック	**Z z** ゼッドゥ			

— Mini-ex.

次の略語を発音しましょう.
1. TGV　　2. UE
3. SNCF　4. RER
5. RATP　6. DVD

● 綴り字記号 (Accent) ●

アクサン・テギュ	**é**	café
アクサン・グラーヴ	**à è ù**	mère
アクサン・シルコンフレックス	**â ê î ô û**	gâteau
トレマ	**ë ï ü**	Noël
セディーユ	**ç**	ça
アポストロフ	**'**	m'appelle

● 綴り字の読みかた (I) ●

[発音しない文字]

1) 単語の最後の **e** は発音しない.　　　ce　je

2) 単語の最後の子音字は発音しない.　trois　alphabet

　　🍃 careful に注意. これに含まれる c, r, f, l は発音されることが多い.

3) **h** は発音しない.　　　　hôtel　Hélène

[単母音字]

1) **a à â**　　[a] [ɑ] ア　　ami　voilà

2) **i î y**　　[i] イ　　six　île

3) **o ô**　　[o] [ɔ] オ　　radio　allô

4) **u û**　　[y] ユ*　　salut　sûr

　　　*[イ] と [ユ] の中間音

— Mini-ex.

次の語を発音しましょう.
1. Ça va.　　2. Paris
3. table　　4. tu
5. hôpital　6. pipe

[e の読みかた]

1) 単語の最後の **e** は発音しない.   *le*   *livre*

2) 「**e** + 子音字 + 母音字」   [ə]   *revue*   *leçon*

3) 「**e** + 子音字」   [e] [ɛ]   *et*   *elle*

  「**e** + 子音字 + 子音字」

4) **é è ê**   [e] [ɛ]   *étudiant*   *mère*

┄ Mini-ex. ┄

次の語を発音しましょう.
1. de   2. des
3. menu   4. merci
5. très   6. métro

[複合母音字]

1) **ai ei**   [ɛ] エ   *japonais*   *Seine*

2) **au eau**   [o] オ   *au*   *beau*

3) **eu œu**   [ø] [œ]   *neuf*   *sœur*

4) **oi**   [wa] オワ   *trois*   *chinois*

5) **ou**   [u] ウ   *vous*   *journaliste*

┄ Mini-ex. ┄

次の語を発音しましょう.
1. amour   2. soir
3. aussi   4. français
5. bleu   6. voilà
7. beaujolais

05 ● 数字 (1 〜 10) ●

1 un(e)	2 deux	3 trois	4 quatre	5 cinq
6 six	7 sept	8 huit	9 neuf	10 dix

06 ┄ Mini-ex. ┄

読まれたフランス語に最もふさわしい絵を選びましょう.

1. _____ 2. _____ 3. _____ 4. _____ 5. _____

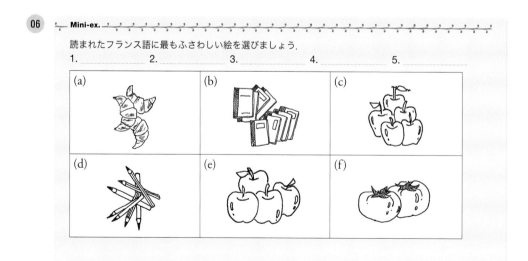

①

— Bonjour, Monsieur (Madame, Mademoiselle).　　こんにちは.

— Bonjour, Madame.　　こんにちは.

— Comment allez-vous ?　　お元気ですか?

— Très bien, merci. Et vous ?　　ありがとう, とても元気です. あなたは?

— Très bien, merci.　　とても元気です. ありがとう.

②

— Salut. Ça va ?　　やあ. 元気かい?

— Oui, ça va. Et toi ?　　うん, 元気だよ. で, 君は?

— Pas mal.　　まあまあだよ.

③

— Bonjour, Mademoiselle. Je m'appelle Jun Kimura. Et vous ?

　　こんにちは. 私の名前は木村純です. あなたは?

— Bonjour, Monsieur. Je m'appelle Anne Jordy.

　　こんにちは. 私はジョルディ・アンヌです.

— Enchanté.　　よろしく. はじめまして.

— Enchantée.　　よろしく. はじめまして.

08 🌿 *expressions*　会話でよく使う表現

Bonjour. こんにちは.　　　　Bonsoir. こんばんは.　　　　Salut. こんにちは. さようなら.

Au revoir. さようなら.　　　Merci. ありがとう.　　　　　Je vous en prie. どういたしまして.

S'il vous plaît. お願いします.　　　　　D'accord. わかりました. いいですよ.

Excusez-moi. 失礼. ごめんなさい.　　　Pardon. 失礼. もう一度お願いします.

フランスは正式国名を La République française（フランス共和国）といい、国王をもたない共和制国家です。共和国の礎を築いたのは 1789 年のフランス革命で、国の標語（自由 Liberté, 平等 Égalité, 博愛 Fraternité），国歌（ラ・マルセイエーズ La Marseillaise），国旗（青・白・赤の三色旗 tricolore）はこの頃作られました。

公用語はフランス語，首都はパリです。日本からフランスを訪れるときはパリ郊外にあるシャルル・ド・ゴール空港 l'aéroport de Paris Charles-de-Gaulle が玄関口となります。

© Benjamin Smith / Wikimedia Commons

シャルル・ド・ゴール空港

civilisation française

フランスってどんな国？

通貨は 1991 年にユーロ euro が導入されました（以前はフラン）。フランスは欧州連合加盟国であり，国連安全保障理事会の常任理事国でもあります。

地理的にみるとフランスは西ヨーロッパに位置しています。国土の形がほぼ 6 角形であることから l'Hexagone と呼ばれることもあります。地中海，大西洋，そして英仏海峡と 3 つの海に面し，ピレネー山脈やアルプス山脈に囲まれ，ヨーロッパの 8 つの国と国境を接しています。

広大な国土を持つフランスの基本産業は農業です。航空機産業のように世界の最先端を担う分野もありますが，基本的には農産物生産高も輸出額も世界で指折りの農業大国です。また，パリを始め魅力的な地方都市を擁し，観光業も重要な産業の一つとなっています。

世界の観光客数ランキング
（2019 年）

1 位	フランス	8,900万人
2 位	スペイン	8,400万人
3 位	アメリカ	7,900万人
11 位	日本	3,200万人

REPUBLIQUE FRANÇAISE
LIBERTE-EGALITE-FRATERNITE

シャモニーのホテル

フランス ⭐ プチクイズ

正しいと思うものを〇で囲んでみましょう。
1. フランス本土の面積は，日本のおよそ（①1.5倍 ②2倍 ③2.5倍）である。
2. フランスの人口は，日本のおよそ（①4分の1 ②3分の1 ③2分の1）である。
3. フランスを流れる4つの大河は，セーヌ川，ローヌ川，ガロンヌ川と（①ライン川 ②ドナウ川 ③ロワール川）である。
4. フランスと国境を接している国は，ドイツ，スイス，ベルギー，イタリア，（①オランダ ②オーストリア ③スペイン）などである。
5. 日本とフランスの時差は，夏は（①6時間 ②7時間 ③8時間），冬は（①6時間 ②7時間 ③8時間）である。

四大河川の噴水

Leçon 1

09 Anne : Je suis étudiante.

Jun : Moi aussi*, je suis étudiant.

Anne : Vous êtes chinois ?

Jun : Non, je ne suis pas chinois. Je suis japonais.

* moi aussi 私もです ☞ p.13

1 名詞の性：すべての名詞は男性名詞と女性名詞に分かれます.

男性名詞：père 父　　livre 本　　Japon 日本　　soleil 太陽

女性名詞：mère 母　　revue 雑誌　　France フランス　　lune 月

身分／職業・国籍などを表す名詞には，男性形から女性形を作れる名詞もある.

　　原則：女性形は，男性形 + **e**

　　étudiant → étudiante　学生　　Japonais → Japonaise 日本人

　　🖋 もともと e で終わっている名詞はそのまま女性名詞として用いる.
　　　　journaliste ジャーナリスト　　Suisse スイス人

身分／職業・国籍を表す名詞には男女同形の名詞もある.

　　professeur 教師　　médecin 医者　　enfant 子ども

2 名詞の数

10

● 身分・職業 ●

employé(e) 勤め人

avocat(e) 弁護士

chanteur (chanteuse) 歌手

vendeur (vendeuse) 店員

acteur (actrice) 俳優

cuisinier (cuisinière) 料理人

pâtissier (pâtissière) 菓子職人

lycéen (lycéenne) 高校生

élève 生徒

architecte 建築家

photographe カメラマン

styliste デザイナー

secrétaire 秘書

écrivain 作家

　　原則：複数形は，単数形 + **s***　　　　　　　　　* s は発音しない.

　　livre → livres　　　étudiant → étudiants　　　étudiante → étudiantes

　　🖋 もともと s で終わっている名詞はそのまま複数名詞として用いる.
　　　　Japonais → Japonais　　Français → Français

─ Mini-ex. ─

次の表を完成させましょう.

	男性単数	女性単数	男性複数	女性複数
日本人	Japonais	Japonaise	Japonais	Japonaises
フランス人	Français	Française	(　　　　)	(　　　　)
中国人	(　　　　)	Chinoise	(　　　　)	Chinoises
韓国人	Coréen*	Coréenne	(　　　　)	(　　　　)

　　*語尾が en で終わる語は女性形が enne となる.
　　🖋 être とともに用いる場合は語頭は一般に小文字となる.

3 ▶ 主語の代名詞（主語人称代名詞）：文には必ず主語が必要です．

1人称	私は	**je**	私たちは	**nous**
2人称*	君は	**tu**	君達は	**vous**
	あなたは	**vous**	あなたたちは	**vous**
3人称**	彼は / それは	**il**	彼らは / それらは	**ils**
	彼女は / それは	**elle**	彼女らは / それらは	**elles**

＊2人称単数は普通は vous を用い，tu は親しい相手にのみ用いる．

＊＊3人称の il(s), elle(s) は人だけではなく，ものにも用いる．

4 ▶ 動詞 être の直説法現在形：動詞は主語にあわせて活用します．

11

je	**suis**	nous	**sommes**
tu	**es**	vous ‿	**êtes**
il ⌢	**est**	ils	**sont**
elle ⌢	**est**	elles	**sont**

アンシェヌマン：もともと発音される語末の子音字を次の単語の頭の母音字と続けて発音する．

リエゾン：もともと発音されない語末の子音字を次の単語の頭の母音字と続けて発音する．

5 ▶ 否定形：ne (n') + 動詞の活用形 + pas

12

je	ne **suis** pas	nous ne **sommes** pas
tu	n'**es** pas	vous n'**êtes** pas
il	n'**est** pas	ils ne **sont** pas
elle	n'**est** pas	elles ne **sont** pas

エリジオン（母音字省略）：je ne le la などの後ろに母音字または h（母音扱いの h）がくると e や a を省略し，(') に置きかえて続けて発音する．

---

13 ● **綴り字の読みかた (II)** ●

［鼻母音］

1)	**on om**	[ɔ̃] オン	bonjour nom
2)	**an am en em**	[ã] アン	enfant comment
3)	**in im ain aim**	[ɛ̃] エン*	cinq pain
	ein eim yn ym	*[アン] に近い音	
4)	**un um**	[œ̃] アン*	un parfum
		*[エン] に近い音	
5)	**ien**	[jɛ̃] イヤン	bien italien

Mini-ex.

次の語を発音しましょう．

1. France   2. marron
3. vin   4. combien
5. important   6. croissant
7. lundi

Exercices 1

1 次の表を完成させなさい.

ドイツ人	Allemand	Allemande	(	)	(	)
イタリア人	(	)	Italienne	(	)	(	)
アメリカ人	(	)	(	)	Américains	(	)
スペイン人	(	)	(	)	(	)	Espagnoles
イギリス人	Anglais	(	)	(	)	(	)

2 指示に従って主語を変え, 全文を書きかえなさい.

1. Elle est anglaise. (ils) ....

2. Je suis journaliste. (nous) ....

3. Il est coréen. (elles) ....

4. Elle est vendeuse. (il) ....

5. Il est japonais. (ils) ....

3 例にならい（　　）内の語を必要に応じて適切な形に変え, 質問に答えなさい.

例) Elle est journaliste ? (pâtissier)

　　　— Non, elle n'est pas journaliste, elle est pâtissière.

1. Tu es chanteuse ? (acteur) ....

2. Elles sont médecins ? (avocat) ....

3. Vous êtes lycéennes ? (étudiant) ....

4. Il est styliste ? (employé) ....

5. Elle est française ? (chinois) ....

4 [　　] 内に主語代名詞, （　　）内に être の活用形を書き取りなさい.

1. [　　　　] (　　　　) journaliste.

2. [　　　　] (　　　　) pianistes.

3. [　　　　] (　　　　) professeur.

4. [　　　　] (　　　　) japonais.

5. [　　　　] (　　　　) employés ?

6. [　　　　] (　　　　) chinoise ?

コルシカ島

ブルターニュ

　フランス語はフランス本国や海外領土（ニューカレドニア，グアドループなど）だけでなく，世界中の多くの国々で使われています．フランス語が母語や公用語，準公用語として話されている国はフランス語圏 francophonie と呼ばれ，その数は 50 カ国近くあります．フランス語を話す人々 francophone も 2 億人以上いるといわれています．

　ヨーロッパでは，ベルギー，スイス，モナコ，ルクセンブルクなどで用いられています．カナダのケベック州，フランスやベルギーの旧植民地であるアフリカの国々（アルジェリア，チュニジア，モロッコ，コートジボワールなど）でも，日常的にフランス語が使われています．フランス語圏の国々は，2 年に 1 度，フランス語圏サミット sommet de la

コルシカ島の栗のビール

civilisation française
世界のなかのフランス語・フランスのなかのフランス語

francophonie を開き交流を深めています．

　フランス語は国際連合やユネスコ，欧州連合など多くの国際機関の公用語の一つでもあり，さらにオリンピックやワールドカップの公式言語です．世界において言語的に重要な位置を占めているのです．

　「フランス語」と一口にいっても，日本に地方ごとの方言があるようにフランス語にもさまざまな地域言語があります．
　フランス北西部ブルターニュ地方のブルトン語 le breton，ピレネー山脈が隔てるフランスとスペインの国境のバスク地方で話されるバスク語 le basque，南仏のオック語 l'occitan，ナポレオンが生まれたコルシカ島のコルシカ語 le corse などがあります．
　これらの地域言語を話す人々は決して多くはありませんが，それぞれの言語を生み出した歴史と伝統文化に地元の人々は誇りを持っています．近年はこうした言語を守る動きも活発で，教科書や辞書が作られ学校の選択授業で勉強ができるようになっています．

ガレットとシードル

グアドループ
マルティニーク
フランス領ギアナ
レユニオン
ポリネシア
ニューカレドニア

| ■ フランス語を公用語としている国 | ■ フランス語が通じる国 | □ それ以外の国 |

Leçon 2

15 Anne : Vous parlez très bien français.

Jun : Merci. J'étudie le français à l'université.

Anne : Super ! Moi*, j'aime les mangas japonais. Voilà des mangas.

* moi　主語 je の強調 ☞ p.13

1 -er 動詞の直説法現在形：語尾が規則的に活用します.

	parler		
je	**parle**	nous	**parlons**
tu	**parles**	vous	**parlez**
il	**parle**	ils	**parlent**
elle	**parle**	elles	**parlent**

	étudier		
j'	**étudie**	nous	**étudions**
tu	**étudies**	vous	**étudiez**
il	**étudie**	ils	**étudient**
elle	**étudie**	elles	**étudient**

16

> ─ Mini-ex. ─
> aimer を直説法現在形で活用させましょう.

> ─ Mini-ex. ─
> parler, étudier, aimer の否定形を作りましょう.

2 冠詞：名詞の前に付き，名詞の性・数により形が異なります.

	男性単数	女性単数	男・女複数
不定冠詞	**un**	**une**	**des**
定冠詞	**le (l')***	**la (l')***	**les**

*エリジオン ☞ p.6

1) 不定冠詞：特定されていない名詞の前に付く.

C'est **un** livre.　これは本です.　　Ce sont **des** cahiers.　これらはノートです.

2) 定冠詞：

① 特定された名詞の前に付く.

C'est **le** livre de Jun.　これは純の本です.

Ce sont **les** cahiers d'Anne.　これらはアンヌのノートです.

② 種類全体を指す.（〜というもの）

J'aime **les** chats*.　私は猫が好きです.

Elle aime **le** sport*.　彼女はスポーツが好きです.

> *「〜が好き」は aimer + 定冠詞 + 名詞 の構文で表し，数えられる名詞は複数形，数えられない
> 名詞は単数形にする.

③ 唯一のものを指す.

le soleil　太陽　　**la** terre　地球

> ─ Mini-ex. ─
> 冠詞を入れましょう.
> 不定冠詞
> ＿＿＿ livre（男）
> ＿＿＿ table（女）
> ＿＿＿ étudiant（男）
> 定冠詞
> ＿＿＿ livre
> ＿＿＿ table
> ＿＿＿ étudiante（女）

17

● **言語 langue** ●

le japonais　日本語

le français　フランス語

l'anglais　英語

l'espagnol　スペイン語

le chinois　中国語

le coréen　韓国語

─ 9 ─

3 ▸ 形容詞 (I)

1) **性と数 (1)**：形容詞は関係する名詞の性（男性 / 女性）・数（単数 / 複数）に一致させる．

原則：女性形は男性形 + **e**　複数形は単数形 + **s**

	男性	女性
単数	**petit**	**petite**
複数	**petits**	**petites**

🍃 もともと **e** で終わっている男性単数形はそのまま女性単数形として用いる．

┌─ **Mini-ex.** ─────────
女性形，複数形を作りましょう．

grand
　女単 _____
　男複 _____
　女複 _____

jeune
　女単 _____
　男複 _____
　女複 _____

2) **属詞*としての形容詞**：属詞 (SVC の C) で用いられる形容詞は主語の性・数に一致させる．

Elle est mariée.　彼女は結婚しています．(< marié)

Ils sont mariés.　彼らは結婚しています．(≠ célibataire)

*属詞 ☞ p.69

3) **付加形容詞の位置 (1)**：形容詞は原則として名詞の後ろ*に置く．

un livre japonais　日本の本　　une table ronde　丸いテーブル　　des crayons rouges　赤鉛筆

*形容詞の位置 ☞ p.29

---

18 🌹 *expressions*　提示表現

① voici + 単数名詞・複数名詞　ここに〜があります．

voilà + 単数名詞・複数名詞　あそこに〜があります．

🍃 voilà は近いものを指す場合もある．

② c'est + 単数名詞　　これは〜です．

ce sont + 複数名詞　これらは〜です．

Voici un livre.　C'est le livre de Paul.

Voilà des crayons.　Ce sont les crayons de Paul.

19 ●**文房具**●

un stylo　ペン　万年筆

un stylo à bille　ボールペン

une gomme　消しゴム

une règle　定規

une trousse　ペンケース

un classeur　ファイル

un agenda　手帳

---

20 ● **綴り字の読みかた (III)** ●

[注意したい母音]

1) **-ail**　　[ɑj]　　travail

2) **-eil**　　[ɛj]　　pareil

3) **-ille**　　[ij]　　fille

🍃 ただし，mille [mil]　ville [vil]

┌─ **Mini-ex.** ─────────
次の語を発音しましょう．
1. famille　　　2. soleil
3. détail　　　4. Marseille
5. ail　　　　6. camomille

Exercices 2

1 指示に従って主語を変え，全文を書きかえなさい.

1. Il est grand. (elle) ....

2. Elle est jeune. (ils) ....

3. Je suis content. (nous) ....

4. Ce sont des étudiantes italiennes. (c'est) ....

5. C'est une table lourde. (ce sont) ....

2 (   ) 内の動詞を主語にあわせ活用させなさい.

1. Tu (chanter) .... bien.

2. Nous (habiter) .... à Tokyo.

3. Il (travailler) .... à Paris.

4. Ils (marcher) .... très vite.

5. Vous (téléphoner) .... à Anne ?

3 下線部に不定冠詞あるいは定冠詞を入れなさい.

1. Voici .... stylo. C'est .... stylo d'Anne.

2. Voici .... trousse. C'est .... trousse de Pierre.

3. Voilà .... règle. C'est .... règle de Paul.

4. Voilà .... photos. Ce sont .... photos de Jun.

4 [   ] の中から読まれた語を選びなさい.

1. Qu'est-ce que c'est ?   — C'est [le, un, en] stylo.

2. Qu'est-ce que c'est ?   — C'est [la, nous, une] gomme.

3. Qu'est-ce que c'est ?   — C'est [l', le, la] agenda d'Anne.

4. Qu'est-ce que c'est ?   — Ce sont [des, le, les] lettres.

5. Qu'est-ce que c'est ?   — Ce sont [le, la, les] crayons de Paul.

日本語になっているフランス語・フランス語になっている日本語

　日本語の中にはフランス語から来た外来語がたくさんあります．特にお菓子や食事に関する名称（tarte タルト，café au lait カフェ・オ・レ，hors-d'œuvre オードブルなど），ファッションに関する名称（boutique ブティック，haute couture オートクチュール など）にはフランス語由来のものが多く見られます．

　では，フランス語になっている日本語はどうでしょうか？
　日本発の文化として世界中に広がっている manga はフランスでは特に人気があります．大きな書店に行けば必ず manga コーナーがあり，animé 好きのフランス人は大勢います．駅の売店には sudoku 雑誌が並び，sushi, yakitori, karaoké の看板は街のあちこちで見かけます．弁当 bento も仏仏辞典の見出し語になりました．栄養バランスがよく見た目も美しい日本の弁当は関心を集め，日仏両国で BENTO コンクールが開催されるほどです．日本の伝統的スポーツである sumo は広く知られており，judo 人口や aïkido 人口は日本よりも多いといわれています．judo で使われる tatami は，-er 動詞になったり（tatamiser 日本化する），形容詞化されたり（tatamisé 日本びいきの）しています．zen という言葉もよく使われます．もともとは仏教の「禅」を表す語でしたが「静寂」とか「落着き」を意味するようになり，TGV には車内販売を行わず 12 歳以下の子どもやペット連れ禁止の zen 車両まであるのです．

　日本語由来に限らず外来語の名詞は，基本的に男性名詞として扱われます．

Leçon 3

22 Jun : Oh là, là..., vous avez beaucoup de mangas.
Mon* frère aussi adore les mangas.

Anne : Il a quel âge ?

Jun : Il a quinze ans. Avez-vous des frères ?

Anne : Moi, je n'ai pas de frères, mais j'ai une sœur.

* mon 私の ☞ p.17

1 avoir の直説法現在形

23

j'**ai**	nous**_avons**
tu **as**	vous**_avez**
il ⌢ **a**	ils ‿ **ont**
elle ⌢ **a**	elles ‿ **ont**

Mini-ex.

avoir の否定形を作りましょう.

2 否定の de：直接目的補語（〜を）の名詞に付く不定冠詞 (un une des) は否定文中では de (d') になります.

J'ai un vélo. → Je n'ai pas de vélo. 私は自転車をもっていません.

3 疑問文：丁寧さのレベルにより 3 タイプあります.

1) くだけた言い方：平叙文の語尾を上げる.
Vous avez des frères ? ↗ 兄弟はいますか？

2) 標準的な言い方：文頭に **est-ce que (qu')** を付ける.
Est-ce que vous avez des frères ?   Est-ce qu'elle a des frères ?

3) 改まった言い方：主語（代名詞）と動詞を倒置する.
Avez-vous des frères ?

　🖐 3 人称単数の活用が e, a で終わる場合は動詞と主語の間に -t- を入れる.
　　Elle a des frères ? → A-t-elle des frères ?
　🖐 主語が名詞の場合の疑問形
　　Jun a des frères ? Est-ce que Jun a des frères ? Jun a-t-il des frères ?

4 代名詞の強勢形

主語	je	tu	il	elle	nous	vous	ils	elles
強勢形	**moi**	**toi**	**lui**	elle	nous	vous	**eux**	elles

24 ●趣味●

la musique 音楽

le cinéma 映画

le théâtre 演劇

le sport スポーツ

le piano ピアノ

la flûte フルート

la natation 水泳

le golf ゴルフ

用法　1)　主語の強め：　Moi, j'adore les mangas.　私は漫画が大好きです.

　　　　2)　前置詞の後で：　J'habite avec lui.　私は彼と一緒に住んでいます.

　　　　3)　C'est の後で：　C'est toi ?　君なの？

5　疑問形容詞：関係する名詞の性・数にあわせて変化します.

	男性	女性
単数	quel	quelle
複数	quels	quelles

Quel âge avez-vous ?　おいくつですか？

Quelle est l'adresse de Jun ?　純の住所は何ですか？

Quelles fleurs aimez-vous ?　何の花がお好きですか？

🌿 *expressions*　avoir を用いた表現

25

① 年齢の言い方：主語 + avoir + 数字 + an(s)

Il a quel âge ? (Quel âge a-t-il ?)　彼は何歳ですか？　— Il a trois ans.　3 歳です.

🌿 数字と an(s) のリエゾン，アンシェヌマンに注意しましょう.

un‿an　　deux‿ans　　trois‿ans　　quatre‿ans　　cinq‿ans
six‿ans　　sept‿ans　　huit‿ans　　neuf‿ans　　dix‿ans

② avoir faim　おなかがすいている　　　avoir soif　のどが渇いている

avoir sommeil　眠い　　avoir chaud　暑い　　　avoir froid　寒い

avoir raison　正しい　　　avoir tort　間違っている　　avoir mal à　痛い

Tu as faim ?　おなかすいている？

— Oui, j'ai faim et soif.　はい，おなかがすいているし，のども渇いています.

③ il y a + 単数名詞・複数名詞　〜がある　〜がいる

Il y a des mangas chez vous ?　あなたの家に漫画はありますか？

Y a-t-il des mangas chez vous ? (倒置疑問文)

Il n'y a pas de mangas chez moi. (否定文)

26

● 数字 (11 〜 20) ●

11　onze

12　douze

13　treize

14　quatorze

15　quinze

16　seize

17　dix-sept

18　dix-huit

19　dix-neuf

20　vingt

27

● 綴り字の読みかた (IV) ●

［注意したい子音字 (1)］

1)	ch	[ʃ] [k]	chocolat　technique
2)	gn	[ɲ]	montagne　signe
3)	h	発音しない	hôpital　Hermès
4)	ph	[f]	photo　phrase
5)	qu	[k]	qui　musique

⊹ Mini-ex. ⊹

次の語を発音しましょう.

1. chou
2. hôtel
3. Bourgogne
4. physique
5. question

Exercices 3

1 下線部に avoir の活用形を入れなさい.

1. Il _____ un dictionnaire et deux cahiers.

2. Tu _____ dix euros ?

3. Elle _____ un smartphone.

4. Nous _____ faim.

5. Il y _____ des élèves dans la classe.

2 例にならい指示に従って疑問文を書きかえ, oui または non で答えなさい.

例) Vous aimez le cinéma ? (倒置形 / non)
→ Aimez-vous le cinéma ? — Non, je n'aime pas le cinéma.

1. Tu parles chinois ? (est-ce que / oui) _____

2. Il a des enfants ? (倒置形 / non) _____

3. Elle aime la musique ? (est-ce que / oui) _____

4. Vous êtes coréens ? (倒置形 / non) _____

5. Vous étudiez le français ? (est-ce que / oui, vous は単数) _____

3 日本語を参考に下線部に適切な疑問形容詞を入れなさい.

1. _____ est la profession d'Anne ? アンヌの職業は何ですか？

2. _____ est le numéro de portable d'Anne ? アンヌの携帯番号は何ですか？

3. _____ arbres aimez-vous ? 何の木がお好きですか？

4. _____ jour est-ce demain ? — C'est jeudi. 明日は何曜日ですか？ — 木曜日です.

5. De _____ nationalité êtes-vous ? — Je suis japonais.
あなたの国籍は何ですか？ — 日本人です.

28 **4** 読まれた年齢をフランス語で書きなさい.

1. Il a _____ ans.

2. J'ai _____ ans.

3. Nous avons _____ ans.

4. Tu as _____ ans.

5. Elle a _____ ans.

© Sumiyo Ida

ジャパン・エキスポ

　毎年 7 月上旬にパリ郊外の展示会会場でジャパン・エキスポ Japan Expo が開催されます．これは，現代日本の漫画やアニメ，ゲーム，ファッションなどさまざまなポップカルチャーをはじめ，伝統文化などを紹介する一大イベントです．

　1999 年，日本文化を愛する数人のフランスの若者たちが自分たちのとらえた日本を紹介するイベント Japan Expo を企画，開催しました．初年は 3200 人だった来場者数は年々増加の一途をたどり，今では 4 日間で 25 万人以上を動員するようになっています．フランスというよりヨーロッパ最大級規模の日本文化に関する祭典です．

　会場では，ミュージシャンや漫画家など日本から招待された多彩なゲストによるトークショーやサイン会，武道や生け花などのデモンストレーション，「かわいい」をテーマにしたファッションショーなどが行われ，多くの日本企業も出展しています．来場者によるコスプレコンクールやカラオケ大会なども人気があり，漫画やアニメ，ゲームなどの登場人物に扮し，凝った衣装で会場を訪れる人々も注目を集めています．

Leçon 4

29 Jun : J'aime voyager.

Anne : Où* voulez-vous aller en France ?

Jun : D'abord, je voudrais aller en Normandie.

Anne : Tiens, c'est mon pays natal. Mes parents habitent à Cherbourg.

* où どこに ☞ p.25

---

1 所有形容詞：後ろに続く名詞の性・数にあわせて変化します.

	男性単数	女性単数	男・女複数
私の	**mon** père	**ma** mère	**mes** parents
君の	**ton**	**ta**	**tes**
彼（女）の	**son**	**sa**	**ses**
私たちの		**notre**	**nos**
あなたの 君たちの　あなたたちの		**votre**	**vos**
彼らの　彼女たちの		**leur**	**leurs**

Mini-ex.

所有形容詞を入れましょう.
1. 君の姉
　　　　　　　　　　sœur
2. 彼の両親
　　　　　　　　　　parents
3. 彼女の夫
　　　　　　　　　　mari
4. 私の学校
　　　　　　　　　　école

🍃 女性単数名詞が母音，または h（母音扱いの h）ではじまる場合，ma ta sa の代わりに mon ton son を用いる． ma adresse → mon adresse

30 ● 家族 famille ●

père 父　　mère 母　　parents 両親　　grand-père 祖父　　grand-mère 祖母　　grands-parents 祖父母
fils 息子　　fille 娘　　enfant 子ども　　frère 兄弟　　sœur 姉妹
cousin いとこ（男）　　cousine いとこ（女）　　oncle おじ　　tante おば　　neveu 甥　　nièce 姪

---

2 不規則動詞 aller venir vouloir の直説法現在形

	aller		**venir**		**vouloir**

31 je **vais**　nous **allons**　je **viens**　nous **venons**　je **veux**　nous **voulons**

tu **vas**　vous **allez**　tu **viens**　vous **venez**　tu **veux**　vous **voulez**

il **va**　ils **vont**　il **vient**　ils **viennent**　il **veut**　ils **veulent**

Mini-ex.

それぞれの動詞の否定形を作りましょう.

---

expressions vouloir を用いた表現

32
① vouloir + 名詞　〜が欲しい　　Il veut des mangas.

② vouloir + 不定詞　〜したい　　Il veut acheter des mangas.

🍃 je voudrais（丁寧な表現）　Je voudrais deux éclairs.

3 　国名に付く前置詞

1)　〜に，〜で

　　① **au** + 男性国名　　au Japon　　　　au Canada　　　　Je vais **au** Japon.

　　② **en** + 女性国名　　en France　　　　en Italie　　　　Il va **en** France.

　　③ **aux** + 複数国名　　aux États-Unis　　　　　　　　Nous allons **aux** États-Unis.

　　　　都市名の場合：à + 都市名　　à Tokyo　　à Paris

　　　　地方名の場合：en + 地方名　　en Normandie　　en Alsace

2)　〜から，〜出身である

　　① **du** + 男性国名　　du Japon　　　　du Canada　　　　Je viens **du** Japon.

　　② **de** + 女性国名　　de France　　　　d'Italie　　　　Elle vient **de** France.

　　③ **des** + 複数国名　　des États-Unis　　　　　　　　Ils viennent **des** États-Unis.

　　　　都市名・地方名の場合：de + 都市名・地方名　　de Tokyo　　de Normandie

33

	国	〜人	言語
日本	le Japon	Japonais(e)	le japonais
フランス	la France	Français(e)	le français
イタリア	l'Italie 囡	Italien(ne)	l'italien
スペイン	l'Espagne 囡	Espagnol(e)	l'espagnol
ドイツ	l'Allemagne 囡	Allemand(e)	l'allemand
イギリス	l'Angleterre 囡	Anglais(e)	l'anglais
ロシア	la Russie	Russe	le russe
アメリカ合衆国	les États-Unis 男複	Américain(e)	l'anglais
中国	la Chine	Chinois(e)	le chinois
韓国	la Corée	Coréen(ne)	le coréen

34　● 綴り字の読みかた (V) ●

[注意したい子音字 (2)]

1)　**s**　　　　　　　　　　[s]　　veste　santé

2)　母音字 + **s** + 母音字　　[z]　　saison　désert

3)　母音字 + **ss** + 母音字　[s]　　cassis　dessert

4)　**th**　　　　　　　　　[t]　　thé　menthe

5)　**c** + **e i y**　　　　　[s]　　cinéma　Nice

6)　それ以外の **c**　　　　　[k]　　café　clinique

7)　**g** + **e i y**　　　　　[ʒ]　　orange　rouge

8)　それ以外の **g**　　　　　[g]　　gâteau　garçon

Mini-ex.

次の語を発音しましょう．

1. poison　　　2. poisson
3. ceci　　　　4. manger
5. classe　　　6. rythme
7. glace　　　　8. sac

Exercices 4

1 指示に従って主語を変え，全文を書きかえなさい.

   1. Je vais en France. (nous) ....

   2. Il veut aller à Kyoto. (ils) ....

   3. Tu viens avec lui ? (vous) ....

   4. Tu veux des bonbons ? (vous) ....

2 指示に従って下線部に適切な所有形容詞を入れなさい.

   1. .... parents habitent à Kyoto ? (あなたの)

   2. Voici .... université. (私の)

   3. Ils aiment beaucoup .... enfants. (彼らの)

   4. C'est .... adresse. (私たちの)

   5. .... sœur étudie l'espagnol. (彼の)

3 日本語を参考に下線部には動詞，(　　) 内には適切な前置詞を入れなさい.

   1. Il .... (................) Italie. 彼はイタリアに行きます.

   2. Nous .... (................) États-Unis. 私たちはアメリカから来ています.

   3. Mon fils .... (................) Chine. 私の息子は中国で働いています.

   4. Elle .... (................) Corée. 彼女は韓国出身です.

   5. Ma sœur .... (................) Canada. 私の妹はカナダに住んでいます.

   6. Ils .... (................) France. 彼らはフランスに行きます.

   7. Je .... (................) Espagne. 私はスペイン出身です.

35 4 読まれたフランス語文に最もふさわしい絵を選びなさい.

1. .... 2. .... 3. .... 4. .... 5. ....

(a)	(b)	(c)	(d)
(e)	(f)	(g)	(h)

ヴェルサイユ宮殿の噴水

Réseau Ile-de-France
Suburban lines • Nahverkehr

カマンベールチーズ

civilisation française
フランスの地方

　フランスというと真っ先に思い浮かぶのはパリですが，フランスの地方はそれぞれ個性豊かで魅力に溢れています．
　ヴェルサイユ宮殿 Versailles のあるパリ郊外のイル・ド・フランス Île de France，古城巡りを楽しめるロワール地方 Loire，太陽の光に恵まれた南仏プロヴァンス地方 Provence，ワインと美食で知られるブルゴーニュ地方 Bourgogne，ドイツの影響が色濃く感じられるアルザス・ロレーヌ地方 Alsace, Lorraine など，旅行先には事欠きません．
　dialogue に出てくるノルマンディー地方 Normandie はフランスの北西部にあり，カマンベールチーズとシードル（りんご酒）が有名です．世界遺産のモン＝サン＝ミシェル Mont-Saint-Michel や，ジャンヌ・ダルクが短い生涯を閉じたルーアン Rouen，印象派画家のモネが晩年を過ごし睡蓮の連作を描いたジヴェルニー Giverny，映画の舞台にもなったドーヴィル Deauville（「男と女」）やシェルブール Cherbourg（「シェルブールの雨傘」）など日本人にもなじみ深い町が点在しています．

　港町 Cherbourg があるコタンタン半島には，観光ガイドには紹介されていないもう一つの顔があります．半島先端部のラ・アーグ岬にある核燃料再処理工場です．ここでは，フランスを含むヨーロッパや日本から送られてくる使用済み核燃料の処理が行われています．フランスは消費電力の8割近くを国内の原発に頼る原発大国です．昔ながらののどかな風景の中にも原発関連施設が点在し，原発から半径300キロメートル以内に人口の大半が暮らしているという現実もフランスの一つの姿なのです．

ルーアンの大時計台

HAUTS-DE-FRANCE

NORMANDIE

ÎLE-DE-FRANCE

GRAND-EST

BRETAGNE

PAYS-DE-LA-LOIRE

CENTRE-VAL-DE-LOIRE

BOURGOGNE-FRANCHE-COMTÉ

NOUVELLE-AQUITAINE

AUVERGNE-RHÔNE-ALPES

OCCITANIE

PROVENCE-ALPES-CÔTE-D'AZUR

CORSE

Leçon 5

36 Jun :　　Vous pouvez parler de votre pays ?

Anne :　Avec plaisir. Mais, j'ai soif.

　　　　　Tiens, il y a un café là-bas.

Jun :　　Ça tombe bien. On va parler dans ce café ?

Anne :　Bien sûr. Qu'est-ce que vous prenez ?

1　部分冠詞：数えられない名詞に付き「いくらかの」という意味を表します.

　　　　　男性　　　　　　　　　　　女性

du café　**de l'**alcool　　**de la** bière　**de l'**eau

　　Je prends **du** vin rouge.　　私は赤ワインを飲みます.

　　Elle ne prend pas **de*** viande.　　彼女は肉は食べません.

　　*直接目的補語の名詞に付く部分冠詞は否定文中では de になります.　　否定の de ☞ p.13

　　🐦 お店などで注文する場合は数詞を付けます.
　　　　Un café, s'il vous plaît.　コーヒー1杯, お願いします.

　　🐦 好き嫌いを言う場合は定冠詞を用います.
　　　　J'aime le vin.　私はワインが好きです.　　定冠詞 ☞ p.9

2　近い未来・近い過去

1) 近い未来：aller + 不定詞　これから〜する　〜するつもりだ

　　Pierre **va** quitter le Japon.　　ピエールは（間もなく）日本を発ちます.

　　Je **vais** prendre mon petit déjeuner.　　朝ごはんをとるところです.

2) 近い過去：venir + de (d') + 不定詞　〜したばかりだ

　　Jun **vient d'**arriver en France.　　純はフランスに着いたばかりです.

3　指示形容詞：「この, その, あの」を表し, 後ろに続く名詞の性・数にあわせて変化します.

	男性	女性
単数	**ce (cet*****)**	**cette**
複数	**ces**	

ce garçon
cet étudiant
cette fille
ces élèves

　　*男性単数名詞が母音, または h（母音扱いの h）ではじまる場合は ce ではなく cet を用いる.

Mini-ex.

部分冠詞を入れましょう.
1. ＿＿＿＿＿　thé
2. ＿＿＿＿＿　vin blanc
3. ＿＿＿＿＿　salade
4. ＿＿＿＿＿　poisson
5. ＿＿＿＿＿　viande
6. ＿＿＿＿＿　huile

37

● 食べもの nourriture
　飲みもの boisson ●

du pain　パン

du riz　ごはん

des pâtes　因パスタ

des légumes　圏野菜

des fruits　圏果物

un œuf (des œufs)　卵

de la soupe　スープ

du fromage　チーズ

du beurre　バター

de la confiture　ジャム

du gâteau　ケーキ

du sucre　砂糖

du sel　塩

du poivre　こしょう

du lait　牛乳

du jus de fruits　ジュース

Mini-ex.

指示形容詞を入れましょう.
1. ＿＿＿＿＿　table
2. ＿＿＿＿＿　hôtel
3. ＿＿＿＿＿　monsieur
4. ＿＿＿＿＿　étudiants

— 21 —

4 疑問代名詞：1) くだけた言い方　2) 標準的な言い方　3) 改まった言い方があります.

	主語	目的語（主語が代名詞の場合*）
何？	1) なし	1) Vous prenez **quoi** ?
	2) **Qu'est-ce qui** est rond ?	2) **Qu'est-ce que** vous prenez ?
	3) なし	3) **Que** prenez-vous ?
誰？	1) なし	1) Il cherche **qui** ?
	2) **Qui est-ce qui** cherche Paul ?	2) **Qui est-ce qu'**il cherche ?
	3) **Qui** cherche Paul ?	3) **Qui** cherche-t-il ?

次のようにまとめて覚えましょう.

Qu' 何 ───→ qui ～が（主語）

est-ce

Qui 誰 ───→ que(qu') ～を（目的語）

*主語が名詞の場合 ☞ p.70

1) 属詞として 用いられる場合

① ものについて尋ねる

1) C'est quoi ?　　2) Qu'est-ce que c'est ?

② 人について尋ねる

1) C'est qui ?　　2) Qui est-ce ?

2) 前置詞とともに 用いられる場合

① ものについて尋ねる：前置詞 + quoi

1) Vous parlez de quoi ?　2) De quoi est-ce que vous parlez ?　3) De quoi parlez-vous ?

② 人について尋ねる：前置詞 + qui

1) Vous parlez de qui ?　2) De qui est-ce que vous parlez ?　3) De qui parlez-vous ?

〰 expressions

38

① pouvoir

Je peux acheter des mangas à Paris.　私はパリで漫画を買えます.（可能性）

Pouvez-vous (Peux-tu) téléphoner à Marie ?　マリーに電話してくださいますか？（依頼）

Je peux fumer ici ?　ここでタバコを吸っていいですか？（許可）

② on：nous（私たちは）の代わりに用いられるが，動詞は 3 人称単数形.

On va chanter.　歌いましょう.

39

pouvoir			**prendre**			**attendre**	
je peux	nous pouvons		je prends	nous prenons		j'attends	nous attendons
tu peux	vous pouvez		tu prends	vous prenez		tu attends	vous attendez
il peut	ils peuvent		il prend	ils prennent		il attend	ils attendent

同型：descendre rendre など

Exercices 5

1 下線部に部分冠詞を入れなさい.

1. _____ fromage   2. _____ eau minérale   3. _____ beurre
4. _____ confiture   5. _____ soupe   6. _____ sauce
7. _____ sorbet   8. _____ lait   9. _____ argent
10. _____ courage   11. _____ talent   12. _____ patience

2 日本語を参考に下線部に適切な疑問代名詞を入れなさい.

1. _____ attendez-vous ?　　誰を待っているのですか？

2. À _____ téléphones-tu ?　　誰に電話するの？

3. _____ voulez-vous ?　　何をお望みですか？

4. _____ il y a ?　　どうしたのですか？

5. À _____ penses*-tu ?　　何について考えているの？

* penser à ...

3 指示に従って次の文を近い未来または近い過去に書きかえなさい.

1. Je téléphone à Anne. (近い未来) _____

2. Tu prends ton déjeuner ? (近い未来) _____

3. Nous achetons une voiture. (近い過去) _____

4. Ils invitent leurs parents. (近い未来) _____

5. Elle a vingt ans. (近い過去) _____

40 **4** 下線部に読まれた語句を書き, 応答として適切な文を A, B から選びなさい.

1. _____ vous cherchez ?
   A : Je cherche ma clef.　　B : Je cherche ma sœur.

2. _____ pense-t-elle ?
   A : Elle pense à ses parents.　　B : Elle pense à ses vacances.

3. _____ c'est ?
   A : Ce sont des gâteaux.　　B : C'est mon oncle.

4. _____ attendent-ils ?
   A : Ils attendent leur mère.　　B : Ils attendent le train.

© Sumiyo Ida

フランスの朝ごはん

フランスの人々は朝食にどのようなものを食べているのでしょうか.

日本に比べるとフランスの朝食は軽めだと言えます. 大きなカフェオレボールになみなみとカフェオレ café au lait を注ぎ, 朝, 買ってきたバゲット baguette と食べる, というのが定番です. バゲットにバター beurre やジャム confiture を塗ったタルティーヌ tartine もよく食べます. 少し贅沢をして, クロワッサン croissant や甘い菓子パン viennoiserie などを食べることもあります. 丸くて大きい田舎パン pain de campagne は baguette より日持ちがします.

統計によれば, フランス人の 85% がほぼ毎日自宅で朝食をとり, 毎朝平均 20 分を食事にかけているそうです（週末は 30 分）. また tartines と温かい飲み物（コーヒー café, 紅茶 thé, ココア chocolat など）から成る「大陸風」と呼ばれる伝統的な朝食 petit déjeuner continental を好むのは大人世代に多く, 子どもや若者の中には, フルーツジュース jus de fruits やシリアル céréales などをベースにした「英国風」朝食 petit déjeuner à l'anglaise をとる人もだんだん増えているようです.

Paul

Venez goûter nos formules

Petit-Déjeuner

→ 1 café + 1 croissant ou 1 pain au chocolat 2,10 €

→ 1 café + 1 croissant au 1 pain chocolat + 1 jus d'orange 3,10 €

→ 1 grande boisson chaude + 1 viennoiserie 3,40 €

PAUL et pour 2 Euros de plus un jus d'orange.

Leçon 6

41 Anne : Quand partez-vous là-bas ?

Jun : Au mois de juillet. Il faut réserver
une chambre d'hôtel ?

Anne : C'est mieux. Parce que c'est la haute saison.
Allez demander à l'Office du tourisme de
Normandie, à Paris.

1 疑問副詞：1) くだけた言い方 2) 標準的な言い方 3) 改まった言い方があります.

quand いつ	1) Vous partez quand ?
	2) Quand est-ce que vous partez ?
	3) Quand partez-vous ?
où どこ	Où allez-vous ?
comment どのように	Comment allez-vous à l'école ?
pourquoi なぜ	Pourquoi allez-vous au Japon ?
– **parce que** なぜならば	— Parce que j'aime les mangas.
combien いくら	C'est combien ?
combien de + 名詞 いくつ	Combien de musées y a-t-il dans cette ville ?

2 前置詞 à / de + 定冠詞の縮約

à + le → **au**   Je vais au café.   (à + le café)

à + les → **aux**   aux toilettes.   (à + les toilettes)

à + l' / à + la （そのまま）   à l'université / à la gare.

de + le → **du**   Il rentre du bureau.   (de + le bureau)

de + les → **des**   des toilettes.   (de + les toilettes)

de + l' / de + la （そのまま）   de l'école / de la banque.

> **Mini-ex.**
> 縮約形を入れましょう.
> 1. le café ＿＿＿ lait
> 2. la coupe ＿＿＿ monde
> 3. la tarte ＿＿＿ pommes
> 4. la capitale ＿＿＿ Japon

3 命令形：tu vous nous に対する形があり，それぞれの直説法現在形を利用して作ります.

42

	demander	aller	prendre	être	avoir
(tu)	**demande***	**va***	**prends**	**sois**	**aie**
(vous)	**demandez**	**allez**	**prenez**	**soyez**	**ayez**
(nous)	**demandons**	**allons**	**prenons**	**soyons**	**ayons**

> **Mini-ex.**
> 3つの命令形を作りましょう.
> 1. chanter
> 2. venir

Prenez du café !   Sois sage !

* -er 動詞および aller の tu に対する命令形は現在形から s を取る.

🔊 ne + 命令形 + pas は禁止を表す. Ne prends pas d'alcool !

43 *expressions* 命令を表す表現

命令表現には動詞の命令形を使用するほかに次のような方法があります.

① il* faut + 不定詞　〜しなければならない　　　　　　　* il は非人称 ☞ p.34

　　Il faut aller à l'office du tourisme.

② devoir + 不定詞　（人）が〜しなければならない

　　Vous devez aller à l'office du tourisme.

devoir

je dois	nous devons
tu dois	vous devez
il doit	ils doivent

44 ● 時の表現 (1)　曜日・月・季節 ●　　囡以外は全て男性名詞

aujourd'hui　今日　　demain　明日　　hier　昨日

matin　朝　　après-midi　午後　　soir　晩　　nuit　囡夜

semaine　囡週 ：lundi　月　　mardi　火　　mercredi　水　　jeudi　木　　vendredi　金
　　　　　　　　 samedi　土　　dimanche　日

mois　月　　　 ：janvier　1月　　février　2月　　mars　3月　　avril　4月　　mai　5月
　　　　　　　　 juin　6月　　juillet　7月　　août　8月　　septembre　9月　　octobre　10月
　　　　　　　　 novembre　11月　　décembre　12月

saison　囡季節 ：printemps　春　　été　夏　　automne　秋　　hiver　冬

4　-ir 動詞の直説法現在形

45　　　　　　　**finir**

je **finis**	nous	**finissons**
tu **finis**	vous	**finissez**
il **finit**	ils	**finissent**

同型：choisir obéir réussir など

> — Mini-ex. —
> choisir を直説法現在形で活用
> させましょう.

　　　　　　　partir

je **pars**	nous	**partons**
tu **pars**	vous	**partez**
il **part**	ils	**partent**

> — Mini-ex. —
> sortir を直説法現在形で活用
> させましょう.

🍃 je tu il の語幹と nous vous ils の語幹は異なる.

同型：dormir servir sortir など

Exercices 6

1 例にならい右の単語を参考に下線部に適切な語句を入れなさい.

例) J'ai mal <u>à la</u> tête.   私は頭が痛い.   ＊ avoir mal à ☞ p.14

1. J'ai mal ＿＿＿＿＿＿ dents.   私は歯が痛い.

2. J'ai mal ＿＿＿＿＿＿ gorge.   私はのどが痛い.

3. J'ai mal ＿＿＿＿＿＿ estomac.   私は胃が痛い.

4. J'ai mal ＿＿＿＿＿＿ yeux.   私は目が痛い.

5. J'ai mal ＿＿＿＿＿＿ pied.   私は足が痛い.

la tête
l'œil (les yeux) 男
les dents 女
les oreilles 女
la gorge
l'estomac 男
le ventre
la jambe
le pied

2 次の文を命令形を使った命令文にしなさい.

1. Vous fermez la fenêtre, s'il vous plaît. ＿＿＿＿＿＿＿＿＿＿

2. Il faut être gentil avec elle. (tu に対する命令) ＿＿＿＿＿＿＿＿＿＿

3. Tu ne dois pas regarder la télé si longtemps. ＿＿＿＿＿＿＿＿＿＿

4. Nous allons prendre nos vacances en septembre. ＿＿＿＿＿＿＿＿＿＿

3 (　　) 内の動詞を主語にあわせ活用させなさい.

1. Nous (choisir) ＿＿＿＿＿＿＿＿＿ des fruits comme dessert.

2. Elle ne (réussir) ＿＿＿＿＿＿＿＿＿ pas aux examens.

3. Je ne (sortir) ＿＿＿＿＿＿＿＿＿ pas ce soir.

4. Elle (obéir) ＿＿＿＿＿＿＿＿＿ toujours à son mari.

46 **4** 下線部に読まれた語を書き，応答として適切な文を A, B から選びなさい.

1. ＿＿＿＿＿＿＿＿＿＿ rentre-t-il des États-Unis ?
   A : Il rentre demain.   B : Il rentre avec moi.

2. ＿＿＿＿＿＿＿＿＿＿ habitent vos parents ?
   A : Ils sont français.   B : Ils habitent en France.

3. ＿＿＿＿＿＿＿＿＿＿ est votre frère ?
   A : Il est sportif.   B : Il a vingt ans.

4. ＿＿＿＿＿＿＿＿＿＿ restes-tu à la maison ?
   A : Non, je ne reste pas à la maison.   B : Parce que j'ai sommeil.

5. ＿＿＿＿＿＿＿＿＿＿ d'éclairs voulez-vous ?
   A : Deux éclairs, s'il vous plaît.   B : Oui, j'aime les éclairs.

ラングドック地方のヴァカンス風景

Fermeture pour congé annuel du 5 août au 26 août.

civilisation française
フランスのヴァカンス

ヴァカンス大国として知られるフランスでは，1年間に5週間の休暇を取らなければならないという何ともうらやましい法律があります．多くの人はこれを分割して夏に3週間，冬に2週間のヴァカンスを取るようです．

夏のヴァカンスは les grandes vacances と呼ばれ，7月14日の革命記念日 le 14 juillet を過ぎると一気にヴァカンスモードが高まります．南仏，大西洋岸，ブルターニュなどの海岸やさまざまな観光地への出発 le grand départ で高速道路は大渋滞となります．

逆にパリの街中は閑散とし外国人観光客の姿が目立つようになるのです．「1ヶ月休業」というような貼り紙を見かけることも珍しくありません．

近年は経済的な事情もあり旅行の日数を短くしたり遠方への旅行を控えるなど，ヴァカンスが縮小する傾向も見られます．それでもヴァカンスはフランス人にとって非常に大切な時間です．夏の気配が近づくころには，学校でも職場でもヴァカンスをどう過ごすかということがしきりに話題になり，9月初めに再会したときには「ヴァカンスはどうだった？」と尋ねあいます．豪華なヴァカンスを過ごせなくても，キャンプをしたり親戚の別荘に泊まったりと工夫を凝らしながら皆思い思いの時間を過ごしているのです．

子どもたちは7月初めから9月初めまで2か月のヴァカンスを過ごします．コロニー・ド・ヴァカンス colonie de vacances という林間学校のような催しが企画され，天体観測や乗馬，演劇などさまざまなテーマが設定されています．子どもたちにとって自分の関心を深めたり，長期間親と離れて集団生活を経験することで自立心や社会性を養っていく場となっています．

Leçon 7

47 Anne : Il y a beaucoup de sites à visiter.

Jun : Oui, je sais. Mais, qu'est-ce que vous me* conseillez de visiter ?

Anne : J'aime beaucoup le Mont Saint-Michel.
C'est une vieille abbaye. Elle est au patrimoine mondial.

* me　私に ☞ p.33

1 ▶ 形容詞 (II)

形容詞 (I) ☞ p.10

1) 性と数 (2)

女性形

 ① **-e** →そのまま　　　　: mince → mince

 ② **-eux → -euse**　　　: heureux → heureuse

 ③ **-er → -ère**　　　　: cher → chère

 ④ **-f → -ve**　　　　　: sportif → sportive

 ⑤ 子音を重ねて **e**　　　: bon → bonne

 ⑥ その他　　　　　　　: doux → douce　　frais → fraîche

 　　　　　　　　　　　sec → sèche　　long → longue

 ⑦ 男性第2形をもつもの : beau (bel) → belle　　vieux (vieil) → vieille

 　　　　　　　　　　　nouveau (nouvel) → nouvelle

 母音または無音の h ではじまる男性単数名詞の前では男性第2形を用いる.

 un beau jardin　　un bel arbre　　une belle fleur

> **Mini-ex.**
> 次の形容詞の女性単数形を書きましょう.
> 1. actif
> 2. jaune
> 3. gentil
> 4. gros

複数形（名詞も同じ）

 ① **-s -x -z** →そのまま　: gros → gros　　heureux → heureux

 ② **-au -eau → -x**　　　: beau → beaux

 ③ **-al → -aux**　　　　: égal → égaux　　mondial → mondiaux

> **Mini-ex.**
> 次の名詞の複数形を書きましょう.
> 1. fils
> 2. journal
> 3. gâteau
> 4. voix
> 5. cheval
> 6. chapeau

2) 付加形容詞の位置 (2)：原則は名詞の後ろに置くが，次の形容詞は名詞の前に置く.

petit(e)　grand(e)　jeune　vieux (vieille)　bon(ne)　mauvais(e)

gros(se)　beau (belle)　joli(e)　nouveau(nouvelle) など

 un petit chien　　une grande maison

 🖤 形容詞 + 名詞の語順の場合，複数では不定冠詞 des は de になる.
  un petit chien → de petits chiens
  une grande maison → de grandes maisons
  （une maison rouge → des maisons rouges ☞ p.10）

expressions

48

① 数量表現

| Il y a | un peu
assez
beaucoup
tant
trop
un kilo | de*
(d') | lait
sucre
pommes
oranges
erreurs
tomates |

＊de の後は無冠詞で名詞を続け，数えられる名詞は
複数形，数えられない名詞は単数形にする.

＊un peu de は数えられない名詞と共に用いる.
数えられる名詞の場合：
Il y a des livres.
Il y a quelques livres.

② 名詞 ＋ à ＋ 不定詞　… すべき 〜

des livres à lire　読むべき本　　des erreurs à corriger　直すべき間違い

49

● 色彩形容詞 ●

blanc (blanche)　白い　　noir(e)　黒い　　rouge　赤い　　bleu(e)　青い　　vert(e)　緑の　　jaune　黄色の

violet(te)　紫の　　rose　ピンクの　　gris(e)　グレーの　　brun(e)　(目, 髪の色が)茶色の　　marron*　茶色の

orange*　オレンジの　　　　　　　　　　　　　　　　　　　　　　　＊ marron, orange は性・数の変化をしない.

De quelle couleur est votre voiture ? — Elle est blanche.

● 衣類など ●

une veste　ジャケット　　un manteau　コート　　une chemise　ワイシャツ　　un chemisier　ブラウス

un pantalon　ズボン　　une jupe　スカート　　une robe　ワンピース　　un pull　セーター

un imperméable　レインコート　　des chaussures　囡靴　　des chaussettes　囡靴下

un chapeau　帽子　　une cravate　ネクタイ　　une ceinture　ベルト　　des lunettes　囡眼鏡

50

savoir		**voir**		**mettre**	
je sais	nous savons	je vois	nous voyons	je mets	nous mettons
tu sais	vous savez	tu vois	vous voyez	tu mets	vous mettez
il sait	ils savent	il voit	ils voient	il met	ils mettent

Exercices 7

1 （　　）内の形容詞を適切な形にし，適切な場所に入れて全文を書きかえなさい.

1. C'est une cravate. (beau) ....

2. Ce sont des gâteaux. (sec) ....

3. C'est une idée. (bon) ....

4. C'est un appartement. (vieux) ....

5. Ce sont des filles. (sportif) ....

2 日本語を参考に与えられた単語を適切な形にして並べかえなさい.

1. Elle a les _____. (cheveu, court)　彼女の髪は短い.

2. Ce vieil homme porte un _____. (chapeau, petit, rouge)

   その老人は赤い小さな帽子をかぶっている.

3. Devant la gare, il y a un _____. (hôtel, nouveau)

   駅前に1軒の新しいホテルがあります.

4. Il y a un _____ dans la cage. (oiseau, beau, jaune)

   かごの中に1羽のきれいな黄色い鳥がいます.

3 次の文の下線部の名詞を単数は複数に，複数は単数にして，全文を書きかえなさい.

1. Il y a de gros <u>chiens</u>. ....

2. J'achète* un <u>pantalon</u> gris. ....

3. Nous visitons un <u>musée</u> national. ....

4. Je vois mes vieux <u>oncles</u>. ....

5. Il a un petit <u>animal</u>. ....

* achète < acheter ☞ p.69

51 **4** 読まれた形容詞を選びなさい.

1. Je prends une boisson (fraîche, frais).

2. Nous entrons dans la vie (actif, active) ce printemps.

3. Il y a de (beau, beaux) arbres dans le jardin.

4. Elle met des chaussures (blancs, blanches).

5. Il y a de (bon, bons) restaurants dans ce quartier.

civilisation française
フランスの世界遺産

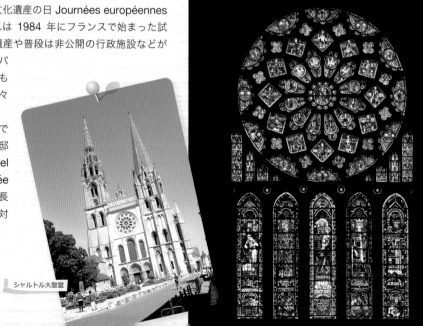
カルカッソンヌ

　UNESCO によって登録されたフランス本土の世界遺産 le patrimoine mondial は 2016 年現在，40 件（日本は 20 件），海外領土であるニューカレドニアやレユニオン島も入れれば 42 件に上り，世界でもトップクラスの登録件数です．
　フランスの世界遺産の特徴は，ローマ時代からの古代遺跡（オランジュ Orange，アルル Arles，水道橋のポン・デュ・ガール Pont du Gard）や，宗教に関するもの（シャルトル Chartres，アミアン Amiens などの大聖堂や，モン＝サン＝ミシェル Mont-Saint-Michel などの修道院）が多く見られることです．ノートルダム大聖堂やルーヴル美術館，オルセー美術館などを擁する「パリのセーヌ河岸 le quai de la Seine」も世界遺産に登録されています．

　毎年 9 月の第 3 週末はヨーロッパ文化遺産の日 Journées européennes du patrimoine となっています．これは 1984 年にフランスで始まった試みで，この週末に限り数多くの文化遺産や普段は非公開の行政施設などが無料で開放されます．今ではヨーロッパ全土に広がり，2 日間で約 1 万 5000 もの施設が公開され 1200 万を超える人々が見学を楽しんでいます．

　特に人気があるのが普段入ることのできない行政施設で，とりわけ大統領官邸 Palais de l'Élysée，首相官邸 Hôtel Matignon，国会議事堂 l'Assemblée nationale，上院 Sénat などの前には長蛇の列ができます．歴史や伝統文化に対する人々の熱い気持ちが感じられます．

シャルトル大聖堂

Leçon 8

52 Anne : Quelle heure est-il ?

Jun : Il est trois heures.

Anne : J'ai rendez-vous à quatre heures
avec Paul, un ami.
Si vous voulez, je vous présente Paul.

---

1 目的補語人称代名詞：直接目的補語人称代名詞（直目）と間接目的補語人称代名詞（間目）があります．

主語	直目	間目	強勢形*	主語	直目	間目	強勢形
je	**me (m')**		moi	nous	**nous**		nous
tu	**te (t')**		toi	vous	**vous**		vous
il	**le (l')**	**lui**	lui	ils	**les**	**leur**	eux
elle	**la (l')**		elle	elles			elles

＊強勢形 ☞ p.13

1) 位置：関係する動詞のすぐ前に置く．

Je présente <u>Marie</u> <u>à Paul</u>. （Marie を代名詞に変える）Je la présente à Paul.
　　　　　　　（直目）　（間目）　（à Paul を代名詞に変える）Je lui présente Marie.

2) 否定形： 代名詞 + 動詞 を ne ... pas ではさむ．

Je **la** présente à Paul. → Je ne **la** présente pas à Paul.

3) 動詞 + 不定詞 の文：目的語は不定詞の前に置く．

Je veux présenter <u>Marie</u> à Paul. → Je veux la présenter à Paul.

4) 命令形と目的補語人称代名詞

① 肯定命令：命令形の後ろに置く． Prête*-lui ce livre !
　　　　　　　　　　　　　　　　　Prête-moi ce livre ！（me は moi に変わる）

② 否定命令：関係する動詞のすぐ前に置く． Ne lui prête pas ce livre !

　＊ -er 動詞の tu に対する命令形 ☞ p.25

Mini-ex.

目的補語人称代名詞を書きましょう．
1. Je ＿＿＿＿ téléphone.
　私は彼に電話する．
2. Elle ＿＿＿＿ connaît.
　彼女は私を知っている．
3. Il ＿＿＿＿ attend.
彼は彼女を待っている．
4. Tu ＿＿＿＿ écris.
　君は私に手紙を書く．

2 非人称構文

1) 時刻の表現

   ① 時刻の尋ね方　Quelle heure est-il ? — Il est ... (il は非人称の主語)

   🗣 Vous avez l'heure ? (Tu as l'heure ?) — Oui, il est ... ともいう.

   ② 時刻の言い方

   Il est une heure.
   　　　 deux heures.
   　　　 trois heures dix.
   　　　 quatre heures et demie.
   　　　 cinq heures moins vingt.
   　　　 six heures moins le quart.
   　　　 sept heures moins cinq.
   　　　 midi. / minuit.

53

Mini-ex.

リエゾン，アンシェヌマンに
注意して 1 時から 12 時ま
で発音しましょう.
　une‿heure
　deux‿heures
　trois‿heures
　quatre‿heures
　cinq‿heures
　six‿heures
　sept‿heures
　huit‿heures
　neuf‿heures
　dix‿heures
　onze‿heures
　douze‿heures

54

● 数字 (21 〜 69) ●

| 21 | vingt et un | 22 | vingt-deux | 23 | vingt-trois | 30 | trente | 31 | trente et un |
| 35 | trente-cinq | 40 | quarante | 50 | cinquante | 60 | soixante | 69 | soixante-neuf |

2) 天候表現　Quel temps fait-il ?

   Il fait beau (mauvais).

   Il fait froid (chaud).　cf. J'ai froid (chaud).

   Il pleut.　Il neige.　Il gèle.

   Il y a du vent.　Il y a des nuages.

3) その他

   il faut + 不定詞　〜しなければならない　　Il faut partir tout de suite.
   il faut + 名詞　　〜が必要だ　　　　　　Il faut une heure pour aller à la fac.
   il y a + 名詞　　　〜がある　　　　　　　Il y a des places dans le parking.

55

connaître			**faire**			**écrire**	
je connais	nous connaissons		je fais	nous faisons		j'écris	nous écrivons
tu connais	vous connaissez		tu fais	vous faites		tu écris	vous écrivez
il connaît	ils connaissent		il fait	ils font		il écrit	ils écrivent

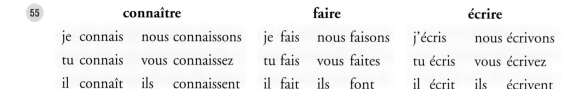

— 34 —

1 下線部を代名詞にし全文を書きかえなさい.

1. Il cherche <u>sa clé</u>. ....

2. J'aime bien <u>ma voiture</u>. ....

3. Il ne pose pas de questions <u>à ses étudiants</u>. ....

4. Tu prêtes ton vélo <u>à Paul</u>. ....

5. Nous allons inviter <u>M. Kimura</u> à dîner. ....

2 下線部を代名詞にし全文を書きかえなさい.

1. Écoute <u>tes parents</u> ! ....

2. Ne donnez pas mon adresse <u>à Paul</u> ! ....

3. Donnez <u>ces livres</u> à Anne ! ....

4. Ne mets pas <u>ta valise</u> ici ! ....

5. Prête ta cravate <u>à Jun</u> ! ....

3 地図を参考に各都市の天気を書きなさい.

Quel temps fait-il à ... ?

1. À Paris, il ....

2. À Lyon, il ....

3. À Cherbourg, il ....

4. À Nice, il ....

5. À Bordeaux, il ....

4 読まれた時刻を表している時計を選びなさい.

1. .... 2. .... 3. .... 4. .... 5. ....

(a)	(b)	(c)
(d)	(e)	(f)

フランスのホームパーティー

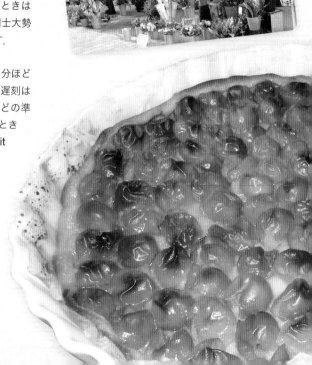

　フランスではしょっちゅうホームパーティーが開かれています．友達同士でレストランに行って食事をするということがないわけではありませんが，それよりも誰かの家に集っておしゃべりに花を咲かせ，ゆったり時間を過ごすことが好まれるのです．

　数組のカップルで食卓を囲む場合もありますし，週末おじいちゃんおばあちゃんの家に親戚一同が集まる場合もあります．引越ししたときは新居祝いのパーティー pendre la crémaillère を開いたり，学生同士大勢で集まり夜更けまで踊ったりおしゃべりし合うこともよくあります．

　昼食や夕食に招待されたとき，フランスでは約束の時間より 15 分ほど遅れて到着するのが礼儀とされています．日本の感覚からすると遅刻は申し訳ない気がしますが，招待してくれた人がゆっくりと料理などの準備ができるように気を遣いわざと遅れていくのです．招待されたときは花束やワイン，チョコレートなどちょっとしたおみやげ un petit cadeau を持っていくと喜ばれます．

　食事の前にサロンのソファーなどに座って食前酒 apéritif を勧められます．食前酒は食欲を増進させまた招待客同士の親睦を深めるためにも欠かせないものなのです．ちなみに，6 月の第 1 木曜は「アペリティフの日」で，フランスはもちろん日本も含む世界中でアペリティフを楽しむさまざまなイベントが催されています．

Leçon 9

57 Anne : Tu te lèves à quelle heure d'habitude ?

Jun : Comme mon cours commence
à 8 heures et demie, je me lève à 7 heures.
Je prends une douche, je m'habille, je prends
mon petit déjeuner, en trois quarts d'heure.

 代名動詞：主語と同じ人称を表す再帰代名詞 (se) を伴う動詞

58 1) 直説法現在形 **se coucher**

je	**me couche**	nous	**nous couchons**
tu	**te couches**	vous	**vous couchez**
il	**se couche**	ils	**se couchent**
elle	**se couche**	elles	**se couchent**

> **Mini-ex.**
> se lever, s'habiller を直説法現在形で活用させましょう.

2) 否定形：代名動詞を ne ... pas ではさむ

je	ne me couche pas	nous	ne nous couchons pas
tu	ne te couches pas	vous	ne vous couchez pas
il	ne se couche pas	ils	ne se couchent pas
elle	ne se couche pas	elles	ne se couchent pas

> **Mini-ex.**
> se lever, s'habiller の否定形を書きましょう.

3) 倒置疑問形：主語と代名動詞を倒置する

(me couché-je)	nous couchons-nous
te couches-tu	vous couchez-vous
se couche-t-il	se couchent-ils
se couche-t-elle	se couchent-elles

> **Mini-ex.**
> se lever, s'habiller の tu, il, vous の倒置疑問形を書きましょう.

4) 不定詞とともに使われる場合：再帰代名詞のみ主語にあわせて変化させる
例) se coucher の近い未来形

je	vais me coucher	nous	allons nous coucher
tu	vas te coucher	vous	allez vous coucher
il	va se coucher	ils	vont se coucher
elle	va se coucher	elles	vont se coucher

> **Mini-ex.**
> 下線部を埋めましょう.
> 1. Je dois _____ lever.
> 2. Vous devez _____ habiller.

---

5) 命令形

　① 肯定命令：再帰代名詞を命令形の後ろに置く．te は toi に変わる．

　② 否定命令：再帰代名詞を命令形の前に置く．

59

	肯定命令	否定命令
(tu)	**Couche-toi !**	**Ne te couche pas !**
(vous)	**Couchez-vous !**	**Ne vous couchez pas !**
(nous)	**Couchons-nous !**	**Ne nous couchons pas !**

> **⊢ Mini-ex.**
> se dépêcher の肯定と否定の
> 命令形を書きましょう.

6) 用法

再帰的	Je me lève tôt.	(me は直目の働き)
	Je me lave.	(me は直目の働き)
	Je me lave les mains.	(me は間目の働き)
相互的	Ils s'aiment.	(se は直目の働き)
	Ils se téléphonent souvent.	(se は間目の働き)
受動的	Ce vélo se vend bien.	(se は直目の働き)
本質的	Je me souviens de Jun.	(se は直目の働き)

60

● **よく使う代名動詞** ●

再帰的： s'appeler 〜という名前である　se brosser les dents 歯を磨く　se dépêcher 急ぐ　se presser 急ぐ

　　　　 s'habiller 服を着る　s'inquiéter 心配する　se laver les mains (le visage) 手（顔）を洗う

　　　　 se lever 起きる　se maquiller 化粧する　se préparer 身支度をする

　　　　 se promener 散歩する　se raser ひげをそる　se réveiller 目覚める

相互的： s'aimer 愛しあう　s'écrire（手紙やメールを）書きあう　se téléphoner 電話しあう

受動的： se lire 読まれる　se vendre 売れる

本質的： s'intéresser à 〜に興味をもつ　se moquer de 〜をからかう　se souvenir de 〜を覚えている

61

expressions　日常の活動を表す表現

prendre son petit déjeuner 朝食をとる　déjeuner 昼食をとる　　dîner 夕食をとる

faire sa toilette 洗面をする　　　　 aller à l'école 学校へ出かける

suivre des cours 授業を受ける　　　 aller au bureau 会社に行く　rentrer 帰宅する

prendre un bain 風呂に入る　　　　 prendre une douche シャワーを浴びる

Exercices 9

1 ( ) 内の代名動詞を主語にあわせ活用させなさい.

1. Pierre (s'intéresser) _____ beaucoup à la cuisine.

2. Nous (se promener) _____ dans le parc.

3. Les enfants (se coucher) _____ à neuf heures.

4. Ils ne (s'écrire) _____ jamais*.　*ne ... jamais　決して〜ない ☞ p.50

5. Aujourd'hui, tu dois (s'habiller) _____ en noir.

2 次の文を命令形を用いて書きかえなさい.

1. Tu te laves les mains avant le repas. _____

2. Nous nous dépêchons de rentrer. _____

3. Vous vous brossez les dents après le repas. _____

4. Tu ne te presses pas. _____

5. Vous ne vous inquiétez pas. _____

3 下から適切な動詞を選び，適切な形にして文を完成させなさい.

D'habitude, je (① _____) à 6 heures et demie et je vais (② _____) avec mon chien. Après le petit déjeuner, je me prépare pour (③ _____) au bureau : je (④ _____), je me maquille attentivement et je (⑤ _____) les cheveux. Le soir je (⑥ _____) vers 6 heures chez moi. Mon copain (⑦ _____) à Tokyo. Comme on ne se voit pas souvent, je lui envoie des e-mails. On (⑧ _____) jusqu'à minuit de temps en temps.

> aller　　se brosser　　s'écrire　　s'habiller　　faire
> se promener　　rentrer　　se réveiller　　travailler

62 **4** 読まれたフランス語文に最もふさわしい絵を選びなさい.

1. _____ 2. _____ 3. _____ 4. _____ 5. _____

© Sumiyo Ida

ペタンク

civilisation française

フランス人の余暇（スポーツ編）

ロランギャロス

サッカーショップ

　　フランスでは余暇としてどのようなスポーツが親しまれているでしょうか．フランス人の6割強が少なくとも週に一度スポーツをしているといわれます．人気のあるスポーツとしてはまずサッカー football やテニス tennis があげられます．乗馬 équitation やペタンク pétanque（フランス発祥のボール競技），柔道 judo も人気です．その他日本と同様に体力づくりも兼ねて，散歩 promenade，ハイキング randonnée，サイクリング cyclisme を趣味としている人も多く見られます．

　　フランスの中学や高校では，日本のクラブ活動にあたる課外活動はありません．子どもがスポーツをするときには地域ごとのクラブを利用します．

　　スポーツ観戦では，やはりサッカーやテニスが人気です．サッカーのフランス代表チームはユニフォームの色をとって les Bleus（女子代表チームは les Bleues）と呼ばれ，1998年のワールドカップ Coupe du monde フランス大会で優勝しました．

　　5月末〜6月上旬にはテニスの4大大会の一つである全仏オープンが開かれます．開催場所のブローニュの森にあるコートの名前をとって Roland Garros とも呼ばれます．

　　7月に行われるツール・ド・フランス Tour de France は100年以上の歴史をもつ世界最高峰の自転車レースです．およそ200人の選手が23日間，3600キロにおよぶ過酷なレースに挑戦しゴールのシャンゼリゼ通りを目指します．ちょうどヴァカンスシーズンとも重なるのでコース沿いの町や村には大勢の応援団や観光客が駆けつけ，国をあげてのお祭り騒ぎとなります．優勝者が着る黄色いジャージ maillot jaune は世界中のサイクリストたちの憧れです．

Leçon 10

63 Jun :　　On prend le TGV pour Rouen ?

Anne :　Oui. Avec celui de dix heures,on

　　　　arrivera avant midi. Le TGV, c'est très rapide !

Jun :　　Le Shinkansen japonais est plus rapide.

Anne :　Non, le TGV français roule le plus vite de tous les trains.

1　　**直説法単純未来**

1) 形：語幹 (-er 動詞　-ir 動詞は不定詞から r を除いたもの) + 共通語尾

64　　　　**arriver → arrive** が語幹

j'arriverai	nous arriverons
tu arriveras	vous arriverez
il arrivera	ils arriveront

特殊な語幹をもつ動詞

être	je **se**rai	**avoir**	j'**au**rai
aller	j'**i**rai	**venir**	je **viend**rai
voir	je **ver**rai	**faire**	je **fe**rai

2) 用法：① 未来の行為・出来事　② 2人称で軽い命令

　　① Il **viend**ra me voir demain.

　　② Tu me **téléphone**ras ce soir.

2　　**形容詞・副詞の比較級：優等（＋）　同等（＝）　劣等（－）比較があります.**

　　（＋）**plus**

　　（＝）**aussi** + 形容詞・副詞 + **que (qu')** 〜

　　（－）**moins**

　　Jun est **plus** grand qu'Anne.

　　Anne est **aussi** grande **que** Paul.

　　Anne est **moins** grande **que** Jun.

　　Jun court **plus** vite qu'Anne.

　　Anne court **aussi** vite **que** Paul.

　　Anne court **moins** vite **que** Jun.

Mini-ex.

parler, finir の未来形を作り
ましょう.

Mini-ex.

être, avoir の未来形を作り
ましょう.

65

● **交通 transport** ●

le train　列車

le métro　地下鉄

la bicyclette　自転車

le vélo　自転車

le taxi　タクシー

l'avion　圐飛行機

le bus　バス

la voiture　車

le bateau　船

la moto　バイク

le TGV (Train à grande
　　vitesse)　フランス新幹線

l'ascenseur
　　圐エレベーター

l'escalier roulant
　　圐エスカレーター

la gare　（鉄道の）駅

la station　（地下鉄の）駅

l'aéroport　圐空港

le ticket　（バスなどの）切符

le billet　（飛行機などの）切符

---

3 ▶ 形容詞・副詞の最上級

1) 形容詞の最上級：定冠詞 (le, la, les) + 形容詞の比較級 + de

Jun est le plus grand de la classe.

Anne est la moins grande de la classe.

Jun est le garçon le plus courageux de la classe.

2) 副詞の最上級：定冠詞 (le) + 副詞の比較級 + de

Le TGV roule le plus vite du monde.

Yoko court le plus vite de la classe.

4 ▶ 特殊な優等比較級・優等最上級

形容詞 bon(ne)　　(+) ~~plus bon(ne)~~　**meilleur(e)**
　🔖 同等・劣等比較は規則通り：(=) aussi bon　(−) moins bon

副詞 bien　　(+) ~~plus bien~~　**mieux**
　🔖 同等・劣等比較は規則通り：(=) aussi bien　(−) moins bien

Jun est meilleur que moi* en français.　　* que の後ろに代名詞が続く場合は強勢形を用いる．☞ p.13

Marie est la meilleure étudiante de la classe.

Yoko chante mieux que moi.

Yoko chante le mieux de la classe.

5 ▶ 指示代名詞

1) 受ける名詞の性・数により形が変わるもの

	男性	女性
単数	**celui**	**celle**
複数	**ceux**	**celles**

Ce n'est pas mon vélo, c'est celui de Paul.

Voici deux robes.　Je préfère celle-ci à celle-là*.

*遠近の違いを表したい場合は近いものには -ci，遠いものには -là を付ける．

2) 中性のもの：**ce*　ceci　cela　ça**

C'est sa maison.　Ce sont mes livres.　C'est ça.

* ce ☞ p.10

Ça marche, ton examen ?

Ceci est plus beau que cela.

66

● 数字 (70 〜 1000) ●

70	soixante-dix
71	soixante et onze
72	soixante-douze
80	quatre-vingts
81	quatre-vingt-un
82	quatre-vingt-deux
90	quatre-vingt-dix
91	quatre-vingt-onze
99	quatre-vingt-dix-neuf
100	cent
101	cent un
200	deux cents
201	deux cent un
900	neuf cents
1000	mille

Exercices 10

1 例にならい比較の文を作りなさい.

例) Anne est riche. (> Jun)　　Anne est plus riche que Jun.

1. Paul est intelligent. (= Anne) ....

2. Ce château-ci est ancien. (< ce château-là) ....

3. Anne arrivera tôt à l'école. (> Marie) ....

4. Vous dansez bien. (> moi) ....

5. Cette année, il fera froid. (< l'année dernière) ....

2 日本語を参考に与えられた語を適切な形にして最上級の文を完成させなさい.

1. C'est .... restaurant de la ville. (bon)

　　　これは街で最も美味しいレストランです.

2. C'est le train .... du monde. (rapide)

　　　これは世界で最も速い列車です.

3. Elle chante .... de la classe. (bien)

　　　彼女はクラスで一番歌が上手です.

4. Il court .... de la classe. (vite)

　　　彼はクラスで一番速く走ります.

5. C'est l'étudiante .... de la classe. (studieux)

　　　この女子学生はクラスで最も勤勉な学生です.

3 下線部に適切な指示代名詞を入れなさい.

1. Ce n'est pas ma bicyclette. C'est .... de Marie.

2. Mon sac est blanc et .... de Marie est bleu.

3. Voilà mes bagages. Où sont .... de Pierre ?

4. .... marche bien, tes études ?

5. Mon portable est plus cher que .... de Paul.

67 **4** 読まれた文に含まれる数字を書きなさい.

1. Prenez le bus ....

2. J'habite .... rue Monge.

3. Mon père aura .... ans l'année prochaine.

4. Cette chambre coûte .... euros la nuit.

5. .... employés travailleront dans cette entreprise.

43

オペラ・ガルニエ

civilisation française
フランス人の余暇（文化編）

　文化的な余暇活動としては，まず映画があげられます．映画料金は日本よりも安くさまざまな割引制度があります．アメリカ映画に押され気味ではありますが，「映画は音楽や美術と並ぶ芸術である」と考えるフランスでは映画産業は国家によって経済的に手厚く保護されています．北野武監督作品やスタジオジブリのアニメ映画など，日本の映画もフランスでは大変人気があります．毎年5月に開かれるカンヌ国際映画祭 Festival international de Cannes は世界で最も有名な国際映画祭の一つです．

　演劇を楽しむ人が多いのもフランスの特徴でしょう．上演されるレパートリーも古典劇から現代劇までと幅が広く，老若男女それぞれが気軽に劇場へと足を運んでいます．

　音楽も人々の生活に浸透しています．6月21日（夏至）の音楽の日 Fête de la Musique ではプロ・アマを問わずさまざまなジャンルの無料コンサートが開かれ，人々は夜遅くまで音楽を楽しみます．この行事はフランスで始まりましたが今では世界130カ国，400以上の都市で行われているそうです．

　ナント Nantes で毎年1月下旬に行われているラ・フォル・ジュルネ La Folle Journée（熱狂の日音楽祭）はクラシック音楽の大きなイベントです．一流の演奏家による短時間で低料金のコンサートが朝から晩まで組まれ，赤ちゃんから大人までクラシックを楽しむことができます．日本でも東京をはじめいくつかの都市でゴールデンウィークに La Folle Journée au Japon が開かれるようになり，風物詩として定着しました．

Sophie Marceau

フランス⭐ プチクイズ

以下は宮崎駿の映画のフランス語タイトルです．（　）に入る語を選びましょう．

1984	風の谷のナウシカ	Nausicaä, dans la vallée du (　　　　)
1986	天空の城ラピュタ	Le Château dans le (　　　)
1988	となりのトトロ	Mon (　　　) Totoro
1989	魔女の宅急便	(　　　), la petite sorcière
1997	もののけ姫	(　　　) Mononoké
2001	千と千尋の神隠し	Le (　　) de Chihiro
2004	ハウルの動く城	Le (　　) ambulant
2008	崖の上のポニョ	Ponyo, sur la (　　　)
2013	風立ちぬ	Le vent (　　　)

[　Kiki,　se lève,　Voyage,　voisin,　falaise,
Princesse,　vent,　ciel,　Château　]

Leçon 11

Jun :　　Tu as déjà vu ce film ?

Anne :　　Oui, bien sûr. Je l'ai déjà vu. On en parle

beaucoup ces jours-ci. Je suis allée le voir

samedi dernier. C'est un film très intéressant.

Jun :　　Ah bon. Je vais le voir dimanche.

1　**直説法複合過去**

1) 形：助動詞 (avoir / être) の現在形 + 過去分詞

2) 過去分詞の作り方：

① -er 動詞のすべて　-er → -é　　　　aimer → aimé

② -ir 動詞のすべて　-ir → -i　　　　finir　→ fini

これ以外は動詞ごとに異なる

avoir → eu　être → été　voir → vu　など

Mini-ex.

次の動詞の過去分詞を辞書で調べましょう.
1. attendre　2. dormir
3. écrire　　4. mettre
5. pouvoir　6. prendre
7. faire　　8. vouloir

3) 助動詞：ほとんどの動詞は avoir を助動詞としますが，次のような一部の動詞（自動詞）と代名動詞は être を助動詞とします.

aller (allé)　　⇔　venir (venu)　　arriver (arrivé)　⇔　partir (parti)

entrer (entré) ⇔ sortir (sorti)　　monter (monté) ⇔　descendre (descendu)

naître (né)　　⇔　mourir (mort)　tomber (tombé)　rester (resté)　　rentrer (rentré)

4) 活用形：

69

regarder (regardé)		**aller (allé)**	
j'ai regardé	nous avons regardé	je suis allé(e)*	nous sommes allé(e)s
tu as regardé	vous avez regardé	tu es allé(e)	vous êtes allé(e)(s)
il a regardé	ils ont regardé	il est allé	ils sont allés
elle a regardé	elles ont regardé	elle est allée	elles sont allées

＊助動詞が être の場合，過去分詞は主語の性・数に一致させる.

5) 否定形： ne + 助動詞 + pas

je n'ai pas regardé　　je ne suis pas allé(e)

Mini-ex.

finir, venir の複合過去の肯定形，否定形を作りましょう.

6) 倒置疑問形：助動詞 – 主語 + 過去分詞

as-tu regardé ?　　es-tu allé(e) ?

7) 用法：①過去の行為・出来事　②過去の経験

① Hier, nous sommes allés au cinéma.

② J'ai fait de la flûte.

2 ▷ 目的補語人称代名詞を含む複合過去：

目的補語人称代名詞（直目・間目）＋ 助動詞 avoir ＋ 過去分詞

J'ai vu <u>Paul</u> au musée. → Je l'ai vu au musée. （直目・男単）

J'ai vu <u>Marie</u> au musée. → Je l'ai vue* au musée. （直目・女単）

* 直目の場合はその直目の性・数に過去分詞を一致させる．

Je n'ai pas téléphoné <u>à mes parents</u>. → Je ne leur ai pas téléphoné. （間目・複数）

3 ▷ 代名動詞の複合過去　　　　　　　　代名動詞の現在形 ☞ p.37

(70)

se lever

je	me suis	levé(e)*	nous	nous sommes	levé(e)s
tu	t'es	levé(e)	vous	vous êtes	levé(e)(s)
il	s'est	levé	ils	se sont	levés
elle	s'est	levée	elles	se sont	levées

* 代名動詞の複合過去は se が直目の場合のみ主語の性・数に過去分詞を一致させる．

Elle s'est levée à 5 heures hier matin. （se は直目）

Elle s'est lavé* les mains. （se は間目）　　　　　*（参考）Elle s'est lavée. （se は直目）

Ils ne se sont pas téléphoné. （se は間目）

4 ▷ 中性代名詞 en：関係する動詞の前に置かれます．

1) de ＋ 名詞を受ける

Il parle <u>de ce film</u>. → Il en parle.

2) 複数不定冠詞 (des)・部分冠詞・否定の de ＋ 名詞を受ける

Il y a <u>des œufs</u>. → Il y en a.

Je mange <u>du pain</u>. → J'en mange.

Il ne prend pas <u>de vin</u>. → Il n'en prend pas.

3) 数詞 ＋ 名詞の名詞部分を受ける

Il y a cinq <u>pommes</u>. → Il y en a cinq.

4) 数量表現 ＋ 名詞の de ＋ 名詞を受ける

Elle boit beaucoup <u>de vin</u>. → Elle en boit beaucoup.

(71)

❀ *expressions* よく使う接続詞

(72)

et	～と　そして	J'étudie le français et l'anglais.
		Moi, je m'appelle Anne. Et vous ?
ou	または　あるいは	Que prenez-vous, du café ou du thé ?
mais	しかし	Je n'ai pas faim mais j'ai soif.
parce que	～なので	Elle ne vient pas, parce que sa fille est malade.
comme	～なので	Comme* sa fille est malade, elle ne vient pas.

* comme は文頭に置かれる．

Mini-ex.

中性代名詞を使って書きかえましょう．
1. Je veux <u>de l'eau</u>.
2. Il a deux <u>voitures</u>.
3. Elle rentre <u>de Kyoto</u>.

● 覚えておきたい副詞 ●

程度を表す副詞：
bien　よく
très bien　とてもよく
assez　十分に
beaucoup　たくさん
ne...pas du tout　全然～ない

時を表す副詞：
souvent　しばしば
de temps en temps　時々
déjà　もう，すでに
encore　まだ
ne...pas encore　まだ～ない
toujours　いつも

Exercices 11

1 次の文を複合過去の文にしなさい.

1. Le concert finit à 9 heures et demie. _____

2. Ils ne prennent pas l'avion pour aller à Osaka. _____

3. Elle part en France. _____

4. Elles se dépêchent à l'aéroport. _____

5. Paul et Marie s'écrivent souvent des e-mails. _____

6. Elle se brosse les dents. _____

2 下線部を代名詞に変え，複合過去の文にしなさい.

1. Je regarde <u>les informations</u> à la télé.

2. Je téléphone <u>à Marie</u> ce matin.

3. Il attend <u>sa copine</u> au café.

4. Elle met <u>son manteau</u> pour sortir.

5. Je ne comprends pas <u>la question de Marie</u>.

3 次の文を中性代名詞 en を用いて書きかえなさい.

1. J'achète cinq croissants le matin. _____

2. Il met un peu de lait dans son café. _____

3. Elle n'est pas contente de mon travail. _____

4. On parle beaucoup de ce tsunami. _____

5. Ces étudiants viennent du Canada. _____

73 **4** 読まれた文が現在の文か過去の文かを聞き分けなさい.

1. 現在　　過去

2. 現在　　過去

3. 現在　　過去

4. 現在　　過去

5. 現在　　過去

フランスの美術館 — 最近の動向

　パリには大小さまざまな美術館がありますが，その中でも特に規模が大きく収蔵品も多いポンピドゥーセンター Centre Pompidou の国立近代美術館とルーヴル美術館 Musée du Louvre の分館の建設が近年相次ぎました．

　ポンピドゥーセンターは，マティスやピカソなど近現代美術の作品を約6万点所蔵しています．その分館が 2010 年 5 月，東部ロレーヌ地方のメス Metz にオープンしました．メス駅近くの旧貨物駅跡地を再開発した広大な空間に建設された美術館は，日本人とフランス人の共同設計によるもので，側面がガラス張り，屋根は中国の帽子をイメージした斬新なデザインの建物です．

　ルーヴル美術館はいわずと知れた美の殿堂ですが，やはり膨大な収蔵品の中には長いこと日の目を見ずに眠っていたものが多くあります．この別館が 2012 年 12 月，北部ノール＝パ・ド・カレー地方のランス Lens にオープンしました．かつては炭鉱でにぎわったこの町に新しく美術館が建てられたのです．オープン時には本館からドラクロワの「民衆を導く自由の女神」も貸し出されました．この別館の設計にも日本人の建築家が携わっています．ルーヴルはアラブ首長国連邦のアブダビにも分館を建設しました．

　こうした分館建設の目的は，入場者数の増加に伴う混雑の緩和と，広い展示スペースを利用した新たな展示方法により作品に新しい光を当てることなどにあります．しかしもう少し大きな視点で考えると地方分権化 décentralisation の流れの一つの動きともいえるでしょう．地域再開発を芸術の振興と連動して行う新しい試みでもあるのです．

ポンピドゥーセンター（メス）

ポンピドゥーセンター（パリ）

Leçon 12

74 Jun :　Tu as voyagé en Espagne ?

Anne :　Quand j'étais lycéenne,
　　　　 j'y allais souvent pour étudier l'espagnol.

Jun :　Ah, c'est pour ça que tu parles bien
　　　　 espagnol.

1 ▶ 直説法半過去

1) 形：語幹 (nous の直説法現在形から語尾の -ons を除いたもの) ＋共通語尾

75 **avoir** → nous **av**ons (**av** が語幹)　　　　**être** → **ét** が語幹 （例外）

j'avais	nous avions	j'étais	nous étions
tu avais	vous aviez	tu étais	vous étiez
il avait	ils avaient	il était	ils étaient

2) 用法：① 出来事が起きたときの状況や状態　② 過去の習慣
　　　① Quand ma sœur est née, j'avais 10 ans.
　　　　　妹が生まれたとき私は 10 歳でした.
　　　② Dans mon enfance, je passais mes vacances chez mon grand-père.
　　　　　子ども時代，私は夏休みを祖父の所で過ごしたものでした.

2 ▶ 直説法複合過去と直説法半過去

複合過去は過去における一時的な出来事や行為を表し，半過去は継続的な行為や状態を表す.
　　Je regardais la télé quand ma mère est rentrée.
　　　母が帰宅したとき私はテレビを見ていました.

3 ▶ 直説法大過去

1) 形：助動詞 (avoir / être) の半過去形 + 過去分詞

76
regarder			aller		
j'avais	regardé	nous avions regardé	j'étais	allé(e)	nous étions allé(e)s
tu avais regardé		vous aviez regardé	tu étais allé(e)		vous étiez allé(e)(s)
il avait regardé		ils avaient regardé	il était allé		ils étaient allés
elle avait regardé		elles avaient regardé	elle était allée		elles étaient allées

> Mini-ex.
>
> faire, prendre を直説法
> 半過去形で活用させましょう.

> Mini-ex.
>
> 次の動詞を複合過去形また
> は半過去形に活用させまし
> ょう.
> 1. Quand elle (arriver) à
>   Paris, il (faire) froid.
> 2. Il (travailler) pendant
>   qu'elle (prendre) du
>   café.

2) 用法：過去の完了

À neuf heures, elle **avait** déjà **fini** ses devoirs.　9時には彼女はすでに宿題を終えていました.

Quand je suis arrivé, elle **était** déjà **partie**.　私が到着したとき彼女はすでに出発していました.

🦋 助動詞 avoir / être の使い分けは複合過去と同じ.

🦋 助動詞が être の場合過去分詞は主語の性・数に一致させる.

4 中性代名詞 y le：関係する動詞の前に置かれます.

1) **y**

①à + 名詞を受ける

Il pense <u>à ses vacances</u>. → Il **y** pense.

②場所などを表す前置詞 (à en dans など) + 名詞を受ける

Il travaille <u>en France</u>. → Il **y** travaille.

Je voudrais aller <u>à Kyoto</u>. → Je voudrais **y*** aller.

＊動詞＋不定詞の場合代名詞は不定詞の前に置く.

─ **Mini-ex.** ───

中性代名詞を使って書きかえましょう.

1. Je vais <u>aux États-Unis</u>.
2. Il veut <u>travailler en France</u>.
3. On va <u>chez Paul</u>.

2) **le**　属詞（名詞・形容詞），不定詞，前の文などを受ける

Mon mari est grand, mais mon fils ne **l'**est pas.

私の夫は背が高いが，息子はそうではない.（l' は grand を受ける）

Elle s'est mariée avec Paul.　—Ah bon, je ne **le** savais pas.

彼女はポールと結婚したよ.　—あら，知らなかったわ.（le は前の文全体を受ける）

🌿 *expressions*　さまざまな否定表現

⑦⑦

ne ... plus　もう〜ない	Il ne pleut plus.
ne ... jamais　決して〜ない　一度も〜ない	Je n'ai jamais été à Londres.
ne ... que　〜しかない	Je n'ai que dix euros.
ne ... personne　誰も〜ない	Il n'y a personne dans la classe.
ne ... rien　何も〜ない	Il n'y a rien dans la boîte.
ne ... ni ... ni ...　〜も〜もない	Je n'ai ni frères ni sœurs.

⑦⑧

●学校 école・学科 matière●

l'école 囡小学校　le collège 中学校　le lycée 高校　l'université 囡大学

élève 生徒　écolier (écolière) 小学生　collégien(ne) 中学生　lycéen(ne) 高校生　étudiant(e) 学生

professeur 先生 教師

la philosophie 哲学　la littérature 文学　l'histoire 囡歴史学　la géographie 地理学　le droit 法学

les sciences politiques 囡政治学　l'économie 囡経済学　la sociologie 社会学　la gestion 経営学

l'informatique 囡情報科学　la biologie 生物学　la chimie 化学　la physique 物理学

Exercices 12

1 次の文を半過去の文にしなさい.

1. Je vais à l'église tous les dimanches. _____

2. Mon père fait la cuisine le samedi. _____

3. Il y a beaucoup de monde sur la place. _____

4. Vous choisissez toujours le plat du jour. _____

5. Elles viennent chez moi le week-end. _____

2 日本語を参考に（　）内の動詞を複合過去形または半過去形に活用させなさい.

1. J'(écrire) _____ une lettre quand le téléphone (sonner) _____ .
   電話が鳴ったとき私は手紙を書いていました.

2. Ma fille (dormir) _____ profondément quand je (rentrer) _____ à la maison.
   私（女性）が帰宅したとき娘は熟睡していました.

3. Vous (avoir) _____ quel âge quand vous (se marier) _____ ?
   あなたは結婚したとき何歳でしたか？(vous は女性)

4. On (ne pas pouvoir) _____ sortir parce qu'il (faire) _____ très chaud.
   とても暑かったので外出は出来なかった.

5. Quand elle (être) _____ lycéenne, elle (être) _____ très timide.
   高校生だったころ彼女は恥ずかしがりやでした.

3 下線部を中性代名詞 y または le に変え，全文を書きかえなさい.

1. Ils ne sont pas <u>fatigués</u>. _____

2. Je pense <u>à mes vacances</u>. _____

3. Je sais <u>qu'ils vont se marier</u>. _____

4. Elle veut <u>visiter le musée du Louvre</u>. _____

5. Marie travaille <u>dans cette banque</u>. _____

79 **4** 下線部に読まれた語を書き文を完成させなさい.

1. Je ne travaille pas _____ .

2. Elle n'aime _____ .

3. Nous ne sommes _____ jeunes.

4. Il ne mange _____ des légumes.

5. Ce chien n'aboie* _____ . 　* aboyer 吠える

フランスの教育における基本理念は「無償,無宗教」で,義務教育は6歳〜16歳となっています.中学校からは「6年生 sixième」「5年生 cinquième」と学年が上がるごとに数が減っていき,高校の最終学年は terminale と呼ばれます.

大学に進学する場合は,バカロレア baccalauréat（大学入学資格試験,通称バック bac）を受け資格を取らなければなりません.この資格があれば原則としてどこの大学にも登録ができます.バックは毎年6月中旬に実施される全国一斉の試験です.文学系,経済・社会学系,理系のコースに分かれています.論述式の問題が多く試験時間が3, 4時間かかるものもあります.どのコースを選んでも一日目の試験は「哲学」と決まっていて,試験問題はその日のニュースで取り上げられるほどです.大学も多くは国立で,登録料を除き学費は無料です.

civilisation française
フランスの教育制度

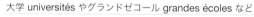

バックを取れば登録できる大学の他に,エリート養成を目的とするグランドゼコールがあります.ここに入るためには各グランドゼコールが行う厳しい選抜試験を通らなければなりません.国立行政学院 École nationale d'administration,高等師範学校 École normale supérieure,理工科学校 École polytechnique などで,将来のフランスを担う人材が育てられます.在学中は寮生活をし,学費は無料,給料も支給されます.

大学 universités やグランドゼコール grandes écoles など

	バカロレア baccalauréat	（日本の学年）
高校 lycée	terminale	高校3年
	première	高校2年
	seconde	高校1年
中学校 collège	3ème (troisième)	中学校3年
	4ème (quatrième)	中学校2年
	5ème (cinquième)	中学校1年
	6ème (sixième)	小学校6年
小学校 école élémentaire	CM2 (cours moyen 2)	小学校5年
	CM1 (cours moyen 1)	小学校4年
	CE2 (cours élémentaire 2)	小学校3年
	CE1 (cours élémentaire 1)	小学校2年
	CP (cours préparatoire)	小学校1年

幼稚園 école matenelle
保育所 crèche など

Leçon 13

80 Anne : Tu te souviens de Paul ?

Jun : Oui. C'est un artiste qui aime la culture japonaise.

Anne : Il nous invite dans un restaurant japonais
dont la cuisine est très bonne.

Jun : J'ai très envie de manger de la cuisine japonaise.
Ça me fait plaisir.

1 関係代名詞

1) **qui**：先行詞（人・もの）が関係詞節の主語の働き

Je connais <u>un artiste</u>.　<u>Il</u> aime la culture japonaise.（主語）

→ Je connais un artiste **qui** aime la culture japonaise.

2) **que (qu')**：先行詞（人・もの）が関係詞節の直接目的の働き

Je connais <u>Paul</u>.　Anne aime beaucoup <u>Paul</u>.（直目）

→ Je connais Paul **qu'**Anne aime beaucoup.

Je connais Anne.　Tu l'as rencontrée hier.

→ Je connais Anne **que** tu as rencontrée* hier.

＊直目が avoir + 過去分詞より前に置かれている場合，過去分詞はその直目に一致する．☞ p.46

3) **dont**：先行詞（人・もの）と関係詞節が前置詞 de で結ばれる．

J'ai vu <u>le film</u>.　On parle beaucoup <u>de ce film</u>.（de + 先行詞）

→ J'ai vu le film **dont** on parle beaucoup.

Je connais <u>un restaurant</u>.　<u>Sa cuisine</u> est très bonne.

（sa cuisine = la cuisine <u>de ce restaurant</u>　de + 先行詞）

→ Je connais un restaurant **dont** la cuisine est très bonne.

4) **où**：先行詞が場所や時を表し副詞的に使われる．

C'est <u>l'hôtel</u>.　Je descends toujours <u>dans cet hôtel</u> à Paris.

（場所の前置詞 + 先行詞）

→ C'est l'hôtel **où** je descends toujours à Paris.

Je me souviens de <u>l'année</u>.　Mon père est mort <u>cette année-là</u>.

（先行詞＝時を表す副詞）

→ Je me souviens de l'année **où** mon père est mort.

— 53 —

2 強調構文：c'est ... qui（主語の強調）と c'est ... que（主語以外の強調）の2つの形があります.

Paul a prêté cette revue à Anne hier. 昨日ポールはこの雑誌をアンヌに貸しました.

① 主語の強調 → C'est Paul qui a prêté cette revue à Anne hier.

> 強調する主語が代名詞の場合は強勢形を用いる.
> C'est lui qui a prêté cette revue à Anne hier.

② 直目の強調 → C'est cette revue que Paul a prêtée* à Anne hier.

> *直目が avoir + 過去分詞 より前に置かれている場合，過去分詞はその直目に一致する. ☞ p.46

③ 間目の強調 → C'est à Anne que Paul a prêté cette revue hier.

④ 状況補語の強調 → C'est hier que Paul a prêté cette revue à Anne.

---

expressions 時の表現（2）

81

今日の	明日の	昨日の
ce matin	demain matin	hier matin
cet après-midi	demain après-midi	hier après-midi
ce soir	demain soir	hier soir

Quel jour sommes-nous aujourd'hui ? 今日は何曜日ですか？

— Nous sommes lundi. 月曜日です.

Le combien sommes-nous aujourd'hui ? 今日は何月何日ですか？

— Nous sommes le 1er (premier) janvier. 1月1日です.

— Nous sommes le 14 juillet. 7月14日です.

Nous avons fait du tennis samedi. 私たちは土曜日にテニスをしました.

Nous faisons du tennis le samedi. 私たちは毎週土曜日にテニスをしています.

Ma sœur est née en avril. 私の妹は4月に生まれました.

J'ai voyagé en France en 2010. 私は2010年にフランスを旅行しました.

82

● **さまざまな場所 (1) 街の施設** ●

la mairie 市役所

la banque 銀行

la poste 郵便局

la bibliothèque 図書館

l'hôpital 男 病院

le cinéma 映画館

le musée 美術館

le théâtre 劇場

l'église 女 教会

le château 城

l'hôtel 男 ホテル

la piscine プール

la place 広場

le jardin 庭園

le parc 公園

Exercices 13

1 はじめの文を主文とし，次の2つの文を関係代名詞を用いて1つの文にしなさい．

qui / que

1. On voit une maison rouge. Cette maison se trouve sur la colline. _____

2. Cette chambre donne sur une cour. Je l'ai réservée. _____

3. Ma sœur va se marier le mois prochain. Elle est journaliste. _____

où / dont

4. Je vais passer mes vacances en Normandie. Mes parents y habitent. _____

5. C'est le livre. Je t'ai parlé de ce livre l'autre jour. _____

6. C'est un ami. Son père est avocat. _____

2 下線部に適切な関係代名詞を入れなさい．

1. Mon frère _____ est médecin travaille en Afrique.

2. Tu te souviens du café _____ nous nous sommes rencontrés ?

3. Ils ont une amie _____ le fils est un cuisinier célèbre.

4. Elle porte un sac rouge _____ je lui ai donné à Noël.

5. Mon voisin a un gros chien _____ mes enfants ont toujours peur.

3 次の文を指示に従ってそれぞれの部分を強調した文を作りなさい．

J'ai offert cette cravate à Jacques pour son anniversaire.

1. 主語 _____

2. 直目 _____

3. 間目 _____

4. 状況補語 _____

83 **4** 下線部に読まれた関係代名詞を入れ，その文が表す絵を選びなさい．

1. Voilà le musée _____ j'ai visité hier. ( )

2. Voilà le musée _____ j'adore les collections. ( )

3. Voilà le musée _____ on peut voir La Joconde. ( )

4. Voilà le musée _____ se trouve près de l'hôtel où je descends. ( )

フランスの大学生

　フランスの大学生はどのような生活を送っているのでしょうか.
　学生はさまざまな点で優遇されています. 授業料は無料, 学食(通称 Resto-U)では約3ユーロで前菜・主菜・デザートのコースを食べることができます. 公共交通, 映画館やコンサートなど各種料金には日本とは比べものにならない程の率のよい「学割」が設定されています. とはいえ, 全体的にフランスの大学生は質素で地味な生活をしています. 勉強は厳しく留年率も高いので学業に専念しなければならず, アルバイト収入もそれほど多くはありません. 学生は授業を受けるために大学へ通うのでサークル活動もほとんどありません.

　週末に友人と出かけたりするのは日本と同じですが, 大勢で集まるときは居酒屋やレストランではなく, 誰かの家で持ち寄りパーティーをするのが一般的です.
　ヴァカンスも, 知り合いの別荘を訪れたりユーレルパスやユースホステルを利用したりしてあまりお金をかけずに楽しんでいます.
　日本と大きく違うのは就職活動でしょう. フランスでは一定の時期に就職活動したり企業ごとに入社試験を行ったりしませんし, 大学が就職支援をしてくれるわけでもありません. 企業の中で即戦力となることが最重視されるので, 学生たちは在学中から就業を希望する企業に各自でコンタクトをとり, 長い休みを利用してインターンシップで経験を積み, 自ら人脈を作って就職先を見つけていきます.

Leçon 14

84 Jun :　Tiens.　Il pleut. S'il faisait beau, on
　　　　irait se promener dans un parc.

Anne :　Tant pis.　On le fera un autre jour.
　　　　Et si nous allions au concert ?

1 　**条件法現在形**：直説法単純未来形の語幹 + r + 直説法半過去形の語尾

85

chanter → je **chant**erai (**chante** が語幹)　　　**faire** → je **fe**rai (**fe** が語幹)

je chanterais	nous chanterions
tu chanterais	vous chanteriez
il chanterait	ils chanteraient

je ferais	nous ferions
tu ferais	vous feriez
il ferait	ils feraient

Mini-ex.

aller, vouloir を条件法現在形
で活用させましょう.

avoir → j'**au**rai (**au** が語幹)　　　**être** → je **se**rai (**se** が語幹)

j'aurais	nous aurions
tu aurais	vous auriez
il aurait	ils auraient

je serais	nous serions
tu serais	vous seriez
il serait	ils seraient

Mini-ex.

avoir, être の条件法現在形
を否定形にしましょう.

2 　**条件法過去形**：助動詞 (avoir / être) の条件法現在形 + 過去分詞

chanter → j'aurais chanté　　　avoir → j'aurais eu　　　aller → je serais allé(e)

3 　**条件法の用法**

条件法：直説法が現実の事柄を述べるのに対し，条件法は非現実の仮定に基づく事柄
を述べるときに用いる.

1) 仮定文で

　si + 半過去*，条件法現在：現在の事実に反する仮定「もし〜なら〜なのに」

　　S'il faisait beau aujourd'hui, j'irais à la mer.
　　　　もし今日天気なら海に行くのに．（現実には天気ではない）＊半過去 ☞ p.49

---

si + 大過去*, 条件法過去：過去の事実に反する仮定「もし〜だったなら〜だったのに」

S'il **avait fait** beau hier, je **serais allé** à la mer.

もし昨日天気だったなら海に行ったのに．（現実には天気ではなかった）＊大過去 ☞ p.49

cf. si + 現在, 単純未来*：未来に可能な仮定「もし〜なら〜でしょう」

S'il **fait** beau demain, j'**irai** à la mer.　もし明日天気なら海に行くでしょう．＊単純未来 ☞ p.41

🍃 主節の単純未来の代わりに，現在形，近い未来，命令形が使われることもある．

S'il **fait** beau, **allons** à la mer.　天気なら海に行きましょう．

🍃 si on + 半過去？　〜するのはどう？（相手に提案する場合に用いる．）

Si on **dînait** au restaurant ce soir ?　今晩レストランで食事するのはどう？

2) 丁寧な表現

Vous **pourriez** y aller avec moi ?　一緒に行っていただけますか？

Je **voudrais** voir Madame Martin.　マルタン夫人にお会いしたいのですが．

3) 遺憾の意（条件法過去で）

Tu **aurais dû** dire la vérité à Paul.　ポールには真実を言うべきだった．

 expressions　時の表現（3）前置詞（句）

86

il y a（今から）〜前に

J'habitais à Lyon il y a dix ans.　私は10年前リヨンに住んでいた．

dans（今から）〜後に

J'irai à Lyon dans une semaine.　私は1週間後にリヨンに行く．

depuis（過去を起点として）〜から

J'habite à Lyon depuis un mois.
私は1カ月前からリヨンに住んでいる．

à partir de（現在・未来を起点として）〜から

J'habiterai à Lyon à partir du 1er mai.
私は5月1日からリヨンに住む予定だ．

jusqu'à　〜まで

Je resterai à Lyon jusqu'à la semaine prochaine.
私は来週までリヨンにいる予定です．

pendant　〜の間

J'ai habité à Lyon pendant un an.　私は1年間リヨンに住んだ．

en　〜で　〜かかって（所要時間を表す）

J'ai visité la ville de Lyon en deux jours.
私は2日間でリヨンの町を見物した．

87

●さまざまな場所 (2) 店●

le marché　市場

le supermarché　スーパー

le grand magasin　デパート

le magasin　商店

la boutique　（小規模な）店

le café　カフェ

le restaurant　レストラン

la boulangerie　パン屋

la pâtisserie　ケーキ屋

la boucherie　肉屋

l'épicerie 囡食料品店

la pharmacie　薬局

la librairie　本屋

la papeterie　文具店

Exercices 14

1 （ ）内の動詞を条件法現在形に活用させなさい.

1. S'il faisait beau, nous (faire) _____ du golf.

2. Quelle chaleur ! On (dire) _____ qu'on est dans le désert.

3. Sans toi, je ne (pouvoir) _____ pas finir ce rapport.

4. Je (vouloir) _____ parler à Mademoiselle Kimura.

5. Si j'avais le temps, je t'(écrire) _____ plus souvent.

6. J'(aimer) _____ prendre des chaussures moins chères.

2 例にならい条件法を用いた文にしなさい.

例）　Il ne fait pas beau.　Je ne vais pas à la mer.

→ S'il faisait beau, j'irais à la mer.

1. Elle est occupée. Elle ne vient pas ce soir. _____

2. Il n'a pas d'argent. Il ne fait pas le tour du monde. _____

3. Tu n'as pas de patience. Tu ne réussis pas à l'examen. _____

4. Il n'a pas écouté mes conseils.　Il n'a pas gagné le premier prix. _____

3 下から適切な前置詞を選び，文を完成させなさい.

1. Elle partira en vacances _____ trois jours.

2. Elle part en vacances _____ août.

3. Elle est en vacances _____ une semaine.

4. Elle a déjà pris ses vacances _____ un mois.

5. _____ ses vacances, elle a voyagé en France _____ dix jours.

```
en    dans    depuis    il y a    pendant
```

4 1.～5. の日本語文が読まれたフランス語文の内容と一致している場合は○を，一致していない場合は × を付けなさい.

1. （　　）　今日は一日中雨だ.

2. （　　）　雨が上がったら海に行くつもりだ.

3. （　　）　私は友人に映画に行こうと誘った.

4. （　　）　友人は私に電話をしてきた.

5. （　　）　友人は私に家にいたいと言った.

マリアージュフレール店内

日本で見られるフランスのブランド

私たちの身の回りで見かけるフランスの製品やブランドにはどのようなものがあるでしょうか？

まずはスーパーに足を運んでみましょう．ミネラルウォーターの棚には，フレンチアルプスを水源地とするエヴィアン Évian やフランス中部オーヴェルニュ地方の水ボルヴィック Volvic が並んでいると思います．緑のガラス瓶に入った炭酸のミネラルウォーターペリエ Perrier も有名ですね．フランスではコカ・コーラより人気があるオランジーナ Orangina も 2012 年から日本で販売が始まっています．

乳製品の棚にはダノン Danone のヨーグルトも見られます．クリームチーズとして人気のキリ kiri もフランス産です．

高級食料品店として有名なフォション Fauchon は紅茶，香辛料，お菓子，ジャムなどさまざまな食品を自社ブランドとして手掛けています．紅茶の専門店のマリアージュ・フレール Mariage Frères，マカロンのラデュレ Ladurée も日本に進出しています．

フランスのブランドと聞いて真っ先に浮かぶファッションブランドではシャネル Chanel，クリスチャン・ディオール Christian Dior，エルメス Hermès，ルイ・ヴィトン Louis Vuitton といった老舗や，アニェス・ベー Agnès b.，アクセサリーのカルティエ Cartier，アガタ Agatha など枚挙にいとまがありません．化粧品メーカーのロレアル L'Oréal やロクシタン L'Occitane も日本で人気のブランドです．

ル・コルドン・ブルー Le Cordon Bleu（「最高の料理人」の意味）は世界で最も有名な料理学校の一つで日本にも分校があります．世界中で 30 余りの学校を運営し，2 万人を超える学生が将来のシェフを目指して学んでいます．

Leçon 15

89 Jun : Regarde cette lettre. Je suis convoqué au commissariat. Il se trouve où ?

Anne : En sortant d'ici, tu prends ce boulevard et tu vas tout droit. Le commissariat est sur ta gauche.

1 現在分詞

1) 形：直説法現在形の nous の語幹 + ant

demander → nous **demand**ons → **demand**ant

例外 avoir → ayant   être → étant

2) 用法

① 形容詞的働き（名詞を修飾，性・数の一致なし）

J'ai rencontré Paul revenant de l'école. (= qui revenait ～)

私は学校から帰ってくるポールに出会った．(現在分詞はポールを修飾，帰ってくるのはポール)

② 副詞的働き

Revenant de l'école, j'ai rencontré Paul. (= Quand je suis revenu ～)

学校から帰ってくるときに私はポールに出会った．(帰ってくるのは私)

Mini-ex.

faire, venir, passer の現在分詞を作りましょう.

2 ジェロンディフ

1) 形：en + 現在分詞

2) 用法：副詞的な働きをし，同時性，原因，条件，譲歩などの意味を表す．

En revenant de l'école, j'ai rencontré Paul.

学校から帰ってくるときに私はポールに出会った．(現在分詞の②と同じ)

En prenant un taxi, vous pourrez arriver à l'heure.

タクシーに乗れば時間に着くことができるでしょう．

Mini-ex.

attendre, traverser のジェロンディフを作りましょう.

3 受動態

1) 形：助動詞 être + 過去分詞 + par + 動作主

Anne invite Jun.   (能動態)

Jun est invité par Anne.   (受動態)

Jun est invité par elle*.   *強勢形

2) 過去分詞は主語の性・数に一致する．

Anne est invitée par Paul.

3) 時制は助動詞 être の時制で表す.

> Jun **a été** invité par Anne.　　（複合過去）
>
> Jun **sera** invité par Anne.　　（単純未来）
>
> Jun **va être** invité par Anne.　　（近い未来）

4) 状態を表す動詞（aimer, respecter, couvrir など）の場合，動作主は par の代わりに de で導く.

> Anne **est aimée de** tout le monde.
>
> Le sommet du Mont Fuji **est couvert de** neige.

　　　🖐 受動表現は代名動詞が使われる場合もある. ☞ p.38

5) 能動態の主語が on の場合，受動態では動作主が省かれる (~~par on, d'on~~).

> On fabrique ce robot au Japon. → Ce robot est fabriqué au Japon.

●序数●

1^{er (ère)}	premier (première)
2^e	deuxième* second (seconde)
3^e	troisième
4^e	quatrième
5^e	cinquième
6^e	sixième
7^e	septième
8^e	huitième
9^e	neuvième
10^e	dixième

*序数は原則として数字に ième を付ける.

expressions　　場所の表現　前置詞（句）

sur	〜の上に	sous	〜の下に	dans	〜の中に
devant	〜の前に	derrière	〜の後ろに	entre A et B	AとBの間に
à gauche de	〜の左に	à droite de	〜の右に	au milieu de	〜の真ん中に
à côté de	〜のとなりに	près de	〜の近くに	loin de	〜の遠くに

> La poste se trouve à gauche du supermarché.　郵便局はスーパーの左にある.
>
> Tu connais un bon restaurant près d'ici ?　この近くに美味しいレストランを知っていますか?
>
> Prenez la deuxième rue à droite.　2番目の通りを右に曲がってください.

4　過去分詞の一致

1) 助動詞が être の場合

　　① 受動態　　Elles sont invit**ées** par Paul.　　（主語に一致）

　　② 複合時制　Elles sont sort**ies** ce soir.　　（主語に一致）

　　　　　　　　Elles se sont lev**ées** à 6 heures.　（se が直目のとき主語に一致）

2) 助動詞 avoir の場合

　　直目が avoir + 過去分詞より前に置かれている場合，その直目に一致する.

> Elle me montre la robe qu'elle a achet**ée** hier.
>
> Cette cravate, tu la lui as donn**ée** ?
>
> Quelle revue a-t-il chois**ie** ?
>
> C'est cette revue qu'il a prêt**ée** à Anne hier.

Mini-ex.

正しい方を選びましょう.
1. Marie est (venu / venue).
2. Les enfants se sont (couchée / couchés).
3. Cette jupe, je l'ai (acheté / achetée).
4. Ce sont les lettres qu'elle m'a (écrite / écrites).
5. Quel dessert as-tu (pris / prise) ?

Exercices 15

1 下線部を現在分詞に変え全文を書きかえなさい.

1. J'ai une secrétaire qui parle bien français.

2. J'ai rencontré Anne qui revenait du marché.

3. Quand je suis revenue du marché, j'ai rencontré Anne.

4. Comme il était très fatigué, il ne pouvait pas continuer son travail.

2 下線部をジェロンディフに変え全文を書きかえなさい.

1. Elle m'a salué quand elle est descendue du bus.

2. Si vous prenez un taxi, vous ne manquerez pas l'avion.

3. Je me suis cassé la jambe parce que je suis tombé dans l'escalier.

4. Ne regardez pas la télévision pendant que vous mangez*.

                                                       * mangez < manger ☞ p.70

3 次の文の態を変え全文を書きかえなさい.

［受動態に］

1. Elle invite à dîner ses amis.

2. Il a écrit cette lettre à Anne.

3. Tout le monde respectait ce président.

［能動態に］

4. Mon projet de voyage est réalisé par cette agence de voyages.

5. Ces questions seront données aux étudiants par le professeur.

6. La tour Eiffel a été construite en 1889.

⁹² **4** 読まれたフランス語文を聞き，le musée の位置を A, B, C, D の中から選びなさい.

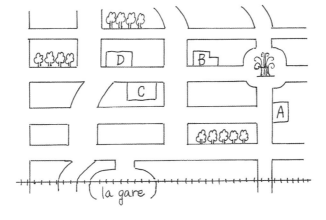

コンコルド・サン＝ラザールホテルのロビー

© Sumiyo Ida

ミシュラン

ミシュラン Michelin は，日本ではレストランやホテルなどの格付けガイドブックとして知られていますが，もともとはフランスのタイヤメーカーの名前です．まだ自動車旅行が一般的ではなかった時代に，街の案内に加えて，ガソリン補給所やミシュランの営業所など自動車設備に関する情報を載せた小冊子を作ったのがミシュランガイドの始まりです．1900 年に最初のガイドが発刊され無料でドライバーたちに配られました．

ミシュランのガイドブックには，赤い表紙の Le Guide Rouge（レストランとホテルのガイドブック）と緑の表紙の Le Guide Vert（旅行ガイドブック）があります．特に，毎年 1 回改訂される Le Guide Rouge に掲載されるレストランについては，その年に 3 つ星を獲得するレストラン，星を失うレストランなどの予測が飛び交いメディアを騒がせます．星の数が店の客数の増減に直結するとも言われ，強い影響力を持っています．

近年は国際化の傾向を強め，アメリカ版，日本版，香港版などが次々と発刊されています．日本版の Le Guide Vert には，「必ず訪れるべき場所（3 つ星）」として京都，奈良，日光，姫路城などと並んで東京郊外の高尾山もあげられており，フランス人独特の評価を示しています．また Le Guide Rouge は東京だけでなく，横浜や湘南，あるいは京都・大阪・神戸・奈良など対象地域が拡大されつつあります．

1929 年版ミシュランガイド

Leçon 16

93 Anne :　Tu veux que je t'accompagne ?

Jun :　　C'est gentil.　Je ne suis pas sûr
que mon français soit correct.
Avec toi, ça me rassure.

---

1 **接続法現在形**：直説法現在形の ils の語幹 ＋ 共通語尾

94　　　　**partir** → ils **part**ent（**part** が語幹）

que je parte	que nous part**ions**	
que tu part**es**	que vous part**iez**	
qu'il parte	qu'ils part**ent**	

＊活用するときは接続詞 que をつけて
覚えましょう.

Mini-ex.

aimer, finir, venir を接続法
現在形で活用させましょう.

1) 例外的な語幹をもつ動詞

faire	que je **fasse**	que nous **fass**ions
savoir	que je **sache**	que nous **sach**ions
aller	que j'**aille**	que nous **all**ions
vouloir	que je **veuille**	que nous **voul**ions

2) 特殊な活用をする動詞

avoir		**être**	
que j'aie	que nous ayons	que je sois	que nous soyons
que tu aies	que vous ayez	que tu sois	que vous soyez
qu'il ait	qu'ils aient	qu'il soit	qu'ils soient

2 **接続法過去形**：助動詞 (avoir / être) の接続法現在形 ＋ 過去分詞

manger → que j'aie mangé　　　partir → que je sois parti(e)

---

3 接続法の用法

接続法：話し手の頭の中で考えられていることを表現するときに用いる．現在形と過去形があり，もっぱら従属節の中で用いられる．

1) 主節の動詞が意志・願望・感情・命令などを表す従属節の中で

Je souhaite qu'il fasse beau demain.

Je ne pense pas que tu viennes avec moi.

Je suis triste que tu aies quitté ce pays.

Il faut que tu finisses ce travail avant midi.

2) 譲歩・目的などを表す接続詞節の中で

Bien qu'elle soit fatiguée, elle travaille encore.

Vous mettez votre manteau pour que vous n'ayez pas froid.

Partons avant qu'il pleuve.

3) 先行詞が最上級で修飾されている場合や不確かさを表す関係代名詞節の中で

C'est le film le plus intéressant que j'aie vu.

Je cherche une étudiante qui puisse garder mes enfants.

⌇expressions よく使う接続詞句

95

pour que (＋接続法)　〜するために

Parlez plus haut pour que tout le monde puisse vous entendre.
みんなに聞こえるようにもっと大きな声で話してください．

bien que (＋接続法)　〜にもかかわらず

Bien qu'il doive faire ses devoirs, il regarde la télé.
宿題をしなければならないにもかかわらず彼はテレビを見ている．

avant que (＋接続法)　〜する前に

Rentrons avant qu'il fasse nuit.　夜になる前に帰りましょう．

après que (＋直説法)　〜した後で

Après qu'elle était arrivée, nous avons commandé l'apéritif.
彼女が到着してから私たちはアペリティフを注文しました．

jusqu'à ce que (＋接続法)　〜するまで

Attendons jusqu'à ce qu'ils viennent.　彼らが来るまで待ちましょう．

96
●身の回り品●

le sac　バッグ

le sac à dos　リュックサック

le portefeuille　財布

le porte-monnaie　小銭入れ

le portable　携帯電話

le parapluie　傘

le mouchoir　ハンカチ

le Kleenex（商標）　ティッシュ

l'appareil-photo numérique
男 デジタルカメラ

la clé / la clef　鍵

Exercices 16

1 日本語を参考に（　　）内の動詞を接続法に活用させ，接続法を用いる理由を考えなさい．

1. Il faut que tu (téléphoner) _____ à Paul ce soir.
   君は今晩ポールに電話をしなければならない．

2. Je souhaite que tu (passer) _____ de bonnes vacances.
   良いヴァカンスを過ごしてね．

3. Il vaut mieux que tu (prendre) _____ le métro.
   地下鉄に乗った方がいいよ．

4. C'est dommage que vous (quitter) _____ le Japon.
   あなたが日本を離れられるのが残念です．

5. Elle est très contente que son enfant (réussir) _____ au concours.
   彼女は子どもが試験に合格して喜んでいる．

6. Elle va au bureau bien qu'elle (avoir) _____ de la fièvre.
   熱があるにもかかわらず彼女はオフィスに行く．

7. Il faut finir tes devoirs avant que tu (partir) _____ en vacances.
   ヴァカンスに行く前に宿題を終えなさい．

8. J'accepterai votre proposition à condition que vous m'(aider) _____ .
   あなたが助けてくれるのなら，あなたの提案を受けます．

9. Je cherche quelqu'un qui (pouvoir) _____ traduire ce texte en français.
   私はこのテキストをフランス語に翻訳してくれる人を探しています．

10. C'est le seul homme à qui je (faire) _____ confiance.
    この人は私が信頼するたった一人の人です．

2 指示に従い次の文を書きかえなさい．

1. Je crois qu'il vient me voir.
   → Je ne crois pas _____ .

2. J'espère que vous passez une excellente soirée.
   → J'aimerais _____ .

3. Je suis sûr qu'elle arrive à l'heure au concert.
   → Je ne suis pas sûr _____ .

4. Je sais que ces enfants ont du courage.
   → Je veux _____ .

3 読まれた語を選び，その文に最もふさわしい絵を選びなさい．

1. Il ne faut pas que tu (prennent / prennes) trop d'alcool.　（　　）
2. Je souhaite qu'il (parte / partent) pour la France.　（　　）
3. Il dit que tu (aies / es) amoureux d'elle.　（　　）
4. Elle est contente que ses parents (aient / aillent) mieux.　（　　）

(a)	(b)	(c)	(d)	(e)

フレンチポップス

　日本でよく知られているフレンチ・ポップスの中には，1960 年代～1970年代のものが多くあります．例えば音楽の教科書にも載っている「オーシャンゼリゼ Les Champs-Élysées」，「ウォーターボーイズ」（ドラマ・映画）の中で使われている「シェリーにくちづけ Tout tout pour ma chérie」（ミシェル・ポルナレフ Michel Polnareff）と「あなたのとりこ Irrésistiblement」（シルヴィー・ヴァルタン Sylvie Vartan）．この 3 曲はコマーシャルソングとしても繰り返し使われており，日本の多くのカラオケ店で歌うこともできます．

　主に日本で活躍している歌手クレモンティーヌ Clémentine は，アニメソング（天才バカボンやドラえもんなど）やバラエティ番組の主題歌，中島みゆきの歌などをフランス語でボサノヴァ風にカバーした CD を発表しています．

　最近フランスで話題になった歌手としてはザーズ Zaz があげられます．モンマルトルでの路上ライブが評判となり，2010 年にメジャーデビューしました．最初のアルバム「モンマルトルからのラブレター（原題は Zaz）」は大ヒットし，エディット・ピアフ Édith Piaf の再来と話題になりました．ピアフ（1915-1963）は「ばら色の人生 La Vie en rose」や「愛の讃歌 Hymne à l'amour」などで知られるフランスの国民的シャンソン歌手です．ピアフ自身も初めは路上で歌を歌っていたことや，両者ともハスキーヴォイスで圧倒的な歌唱力があることなどいくつかの共通点があり，2 人のイメージが重ねられたのです．Zaz は数回来日しています．

Appendice

1 ▶ 6つの基本文型

1) 主語 + 動詞
   Le soleil se lève.　日が昇る.
   Jean chante bien.　ジャンは歌が上手い.

2) 主語 + 動詞 + 属詞
   Marie est intelligente.　マリーは頭がいい.

3) 主語 + 動詞 + 直接目的補語
   Je prends du café.　私はコーヒーを飲む.

4) 主語 + 動詞 + 間接目的補語
   Anne téléphone à sa mère.　アンヌは母親に電話する.

5) 主語 + 動詞 + 直接目的補語 + 間接目的補語
   Pierre prête son parapluie à Anne.　ピエールはアンヌに傘を貸す.

6) 主語 + 動詞 + 直接目的補語 + 直接目的補語の属詞
   Je trouve ce film très intéressant.　私はこの映画がとてもおもしろいと思う.

2 ▶ 法と時制

1) 直説法：現実の出来事や状態を客観的に述べる.
   【使われる時制：現在・近い未来・近い過去・複合過去・半過去・大過去・単純未来・前未来】

2) 条件法：非現実の仮定に基づきそこで起こりうる事柄を述べたり，断定を避ける.
   【使われる時制：現在・過去】

3) 接続法：話し手の頭の中で考えられている主観的な事柄を表す.
   【使われる時制：現在・過去】

4) 命令法：命令や勧誘などにより，ある事柄を実現させようと相手に働きかける.
   【使われる時制：現在】

3 ▶ -er 動詞の変則活用

1) nous, vous 以外の活用が例外的なもの

① **acheter** 型	② **appeler** 型	③ **envoyer** 型
j'achète	j'appelle	j'envoie
tu achètes	tu appelles	tu envoies
il achète	il appelle	il envoie
nous achetons	nous appelons	nous envoyons
vous achetez	vous appelez	vous envoyez
ils achètent	ils appellent	ils envoient
同型：achever lever promener など	同型：jeter rappeler など	同型：employer nettoyer など

69

2) nous の活用が例外的なもの

① manger 型

je	mange
tu	manges
il	mange
nous	mang**e**ons
vous	mangez
ils	mangent

同型：changer　nager　voyager など

② commencer 型

je	commence
tu	commences
il	commence
nous	commen**ç**ons
vous	commencez
ils	commencent

同型：annoncer　placer など

---

4 **目的語疑問代名詞（主語が名詞の場合）** 主語が代名詞の場合 ☞ p.22

1) ものについて尋ねる
   ① Paul prend quoi ?
   ② Qu'est-ce que Paul prend ?
   ③ Que prend Paul ?

2) 人について尋ねる
   ① Paul cherche qui ?
   ② Qui est-ce que Paul cherche ?
   ③ Qui Paul cherche-t-il ?

---

5 **性・数の変化がある疑問代名詞：「〜のうちのどれ？」という意味を表します.**

	男性	女性
単数	**lequel**	**laquelle**
複数	**lesquels**	**lesquelles**

Lequel de ces livres achetez-vous ?

Laquelle de ces robes choisissez-vous ?

---

6 **目的補語人称代名詞（直目・間目）の併用** 補語人称代名詞 ☞ p.33

1) 肯定命令文以外

Anne me montre <u>ces photos</u>.　　→ Anne me les montre.

Anne montre <u>ces photos</u> <u>à Jun</u>.　→ Anne les lui montre.

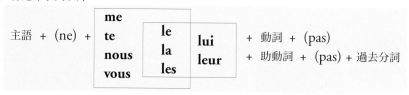

否定文：　　　　　Anne ne montre pas <u>ces photos</u> <u>à Jun</u>.　→ Anne ne les lui montre pas.

否定命令文：　　　Ne montre pas <u>ces photos</u> <u>à Jun</u>.　　　→ Ne les lui montre pas.

複合過去：　　　　Anne a montré <u>ces photos</u> <u>à Jun</u>.　　　→ Anne les lui a montré**es**.

複合過去の否定文：Anne n'a pas montré <u>ces photos</u> <u>à Jun</u>.

　　　　　　　　　　　　　　　　　　　　　　　　　　　→ Anne ne les lui a pas montré**es**.

---

2) 肯定命令文：動詞 + 直目 + 間目

Montrez ces photos à Jun !　　→ Montrez-**les-lui** !

Montrez-moi ces photos !　　→ Montrez-**les-moi** !

— **Mini-ex.** —

下線部を代名詞に変えた文として正しい方を選びましょう.
1. Anne ne donne pas <u>son adresse</u> <u>à Paul</u>.　→ Anne ne (la lui / lui la) donne pas.
2. Anne m'a dit <u>la vérité</u>.　→ Anne (me l' / la m') a dite.
3. Envoyez <u>cette lettre</u> <u>à Jun</u>.　→ Envoyez (-la-lui / -lui-la).

7　名詞の比較

形容詞・副詞の比較 ☞ p.41

（＋）Jun a plus de livres qu'Anne.

（＝）Anne a autant de livres que Paul.

（－）Anne a moins de livres que Jun.

8　前置詞とともに用いる関係代名詞

関係代名詞 ☞ p.53

1) 先行詞が人の場合：前置詞 + qui

Tu connais le garçon ?　Je suis allée au cinéma avec ce garçon.

→ Tu connais le garçon avec qui je suis allée au cinéma ?

2) 先行詞がものの場合：前置詞 + lequel　laquelle　lesquels　lesquelles

Où est la lettre ?　Je dois répondre à cette lettre.

→ Où est la lettre à laquelle je dois répondre ?

— **Mini-ex.** —

下線部に適切な関係代名詞を書きなさい.
1. C'est une fille avec ＿＿＿＿＿＿＿＿＿ mon fils est allé au cinéma hier.
2. C'est un couteau avec ＿＿＿＿＿＿＿＿＿ mon fils s'est coupé le doigt.
3. Mon oncle chez ＿＿＿＿＿＿＿＿＿ je passe mes vacances est pêcheur.
4. C'est une émission à ＿＿＿＿＿＿＿＿＿ je m'intéresse beaucoup.

9　前未来

1) 形：助動詞 (avoir / être) の単純未来形 + 過去分詞

	regarder				**aller**			
j'aurai	regardé	nous	aurons regardé	je	serai	allé(**e**)	nous	serons allé(**e**)s
tu	auras regardé	vous	aurez regardé	tu	seras allé(**e**)	vous	serez allé(**e**)(**s**)
il	aura regardé	ils	auront regardé	il	sera allé	ils	seront allé**s**
elle aura regardé	elles	auront regardé		elle sera allé**e**	elles	seront allé**es**		

2) 用法：未来の完了

À neuf heures, elle **aura** déjà **fini** ses devoirs.　9時には彼女はすでに宿題を終えているでしょう．

Quand j'arriverai, elle **sera** déjà **partie**.　私が到着するとき，彼女はすでに出発してしまっているでしょう．

　🖐 助動詞 avoir / être の使い分けは複合過去などと同じ．

　🖐 助動詞が être の場合，過去分詞は主語の性・数に一致させる．

10 間接話法

1) 主節が現在のとき

① 平叙文：que + 主語 + 動詞

Il me dit : « Je suis occupé. » → Il me dit **qu'**il est occupé.

② 疑問文

oui, non で答えられる疑問文：si + 主語 + 動詞

Il me demande : « Tu es occupé ? » → Il me demande **si** je suis occupé.

疑問詞を用いた疑問文：疑問詞 + 主語 + 動詞

Il me demande : « Quand pars-tu ? » → Il me demande **quand** je pars.

　🖐 qu'est-ce qui は ce qui，qu'est-ce que は ce que となる．

Il me demande : « Qu'est-ce que tu cherches ? »

→ Il me demande **ce que** je cherche.

③ 命令文

肯定命令文：de + 不定詞

Il me dit : « Parlez plus fort ! » → Il me dit **de** parler plus fort.

否定命令文：de ne pas + 不定詞

Il me dit : « Ne parlez pas si fort ! » → Il me dit **de ne pas** parler si fort.

2) 主節が過去のとき：従属節の時制を一致させる．

① 従属節の時制が現在 → 半過去

Il m'a dit : « Je suis occupé aujourd'hui. » → Il m'a dit qu'il **était** occupé **ce jour-là**.

② 従属節の時制が複合過去 → 大過去

Il m'a dit : « J'ai nagé hier.» → Il m'a dit qu'il **avait nagé la veille**.

③ 従属節の時制が単純未来 → 条件法現在

Il m'a dit : « J'irai à Kyoto demain. » → Il m'a dit qu'il **irait** à Kyoto **le lendemain**.

　🖐 副詞は次のように変わる．

aujourd'hui → ce jour-là　　hier → la veille　　demain → le lendemain

間接話法にして書きかえなさい.

1.
1) Elle me dit : « Je dois me lever tôt demain matin. »
2) Il me demande : « Où as-tu mal ? »
3) Elle me dit : « Ne fume pas trop. »
2.
1) Elle m'a dit : « Je viens du Japon. »
2) Il m'a demandé : « Qu'est-ce qui est arrivé hier ? »
3) Il m'a dit : « Je partirai demain. »

11 数詞

1) 数詞の注意点

   ① 1 ～ 10 の発音で注意するもの

   子音で始まる語が続くときの発音

   cinq [sɛ̃] kilos   six [si] kilos   huit [ɥi] kilos   dix [di] kilos

   ② 200, 300 など端数がないときは cent に s が付き, 端数があるときは s が付かない.

   deux cents   trois cents   deux cent dix

   ③ mille は不変.

2) 分数

1/2	un demi (une demie)	1/3	un tiers	2/3	deux tiers
1/4	un quart	3/4	trois quarts	1/5	un cinquième
1/10	un dixième	1/100	un centième		

3) 小数：フランス語の小数点はヴィルギュル (,) を用いる.

1,3	un virgule trois
5,8km	cinq kilomètres huit / cinq virgule huit kilomètres
10,5kg	dix kilos cinq / dix virgule cinq kilos
35,20 €	trente-cinq euros vingt
80,7%	quatre-vingts virgule sept pour cent

4) 日付：「1 日」のみ序数. 他は数詞を用いる.

   le premier janvier   1 月 1 日   le quatorze juillet   7 月 14 日

5) 世紀：序数を用いる.

   le dix-neuvième siècle   19 世紀   le vingtième siècle   20 世紀

   le vingt et unième siècle   21 世紀

6) 国王：「1 世」のみ序数. 他は数詞を用いる.

   Napoléon Iᵉʳ (premier)   ナポレオン 1 世   Louis XIV (quatorze)   ルイ 14 世

7) 行政上の区や建物の階数：序数を用いる.

   le cinquième arrondissement de Paris   パリ 5 区

   le rez-de-chaussée   1 階   le premier étage   2 階   le deuxième étage   3 階

単 語 集

Ⓐ à　　前　〜に，〜で，〜へ
　à + 不定詞　　　〜すべき
abbaye　女　大修道院
aboyer　動　（犬が）ほえる
accepter　動　〜を受け入れる
accompagner　動　〜に付き添う，〜と一緒に行く
acheter　動　〜を買う
achever　動　〜を終える
acteur, actrice　名　俳優
actif, active　形　活動的な
adorer　動　〜が大好きである
adresse　女　住所
aéroport　男　空港
Afrique　固女　アフリカ
Agatha　固　アガタ（ブランド）
âge　男　年齢，年
agence　女　代理店
　agence de voyages　　旅行代理店
agenda　男　手帳
Agnès　固　アニェス（女性の名前）
Agnès b.　固　アニェス・ベー（ブランド）
aide　女　助け，援助
aider　動　〜を助ける，〜を手伝う
ail　男　ニンニク
aimer　動　〜を好む
　s'aimer　代動　愛しあう
alcool　男　アルコール飲料
Allemagne　固女　ドイツ
allemand　男　ドイツ語
allemand, e　形　ドイツ（人）の
Allemand, e　名　ドイツ人
aller　動　行く；（体調が）〜である
allô　間　もしもし
alphabet　男　アルファベット
Alsace　固女　アルザス（地方）
ambulant, e　形　移動する
américain, e　形　アメリカ（人）の
Américain, e　名　アメリカ人
ami, e　名　友人
Amiens　固　アミアン（都市）

amour　男　愛
amoureux, amoureuse
　　　　　形　（de に）恋をしている
an　男　年；歳
ancien, ancienne　形　古い
anglais　男　英語
anglais, e　形　イギリス（人）の
　à l'anglaise　　　イギリス風の
Anglais, e　名　イギリス人
Angleterre　固女　イギリス
animal（複 animaux）　男　動物
Anne　固　アンヌ（女性の名前）
année　女　（暦の上の）年
anniversaire　男　誕生日，記念日
annoncer　動　〜を知らせる
Antoine de Saint-Exupéry
　　固男　アントワーヌ・ド・サン＝テ
　　　　グジュペリ（作家）
août　男　8月
apéritif　男　食前酒，アペリティフ
appareil-photo numérique　男　デジタルカメラ
appartement　　　アパルトマン，マンション
appeler　動　〜を呼ぶ
　s'appeler　代動　〜という名前である
apporter　動　〜を持って来る
après　前　〜のあとで
　après que　　　〜したあとで
après-midi　男　午後
arbre　男　木
architecte　名　建築家
argent　男　お金
Arles　固　アルル（都市）
Arlésien, Arlésienne　名　アルルの人
arriver　動　着く，到着する
arrondissement　男　（大都市の）区
artiste　名　芸術家
ascenseur　男　エレベーター
Assemblée nationale　固女　国民議会，国会議事堂
assez　副　十分に
　assez de　　　　十分な，かなりの

assis, *e*	形	座った，座っている	
attendre	動	～を待つ	
attentivement	副	注意深く	
au		à+le の縮約形 (p.18, p.25)	
au revoir		さようなら	
aujourd'hui	副	今日	
aussi	副	～もまた，同じく	
aussi ... que ~		～と同じくらい…だ	
		（比較級 p.41）	
autant	副	同じくらい	
autant de ... que ~		～と同じくらいの…だ	
		（名詞の比較 p.71）	
automne	男	秋	
autre	形	ほかの（不定形容詞）	
l'autre jour		→ jour	
un autre jour		→ jour	
aux		à+les の縮約形 (p.18, p.25)	
avant	前	～より前に	
avant que		～する前に	
avec	前	～といっしょに：～に対して	
Avignon	固	アヴィニョン（都市）	
avion	男	飛行機	
avocat, *e*	名	弁護士	
avoir	動	～を持っている	
avril	男	4月	
Ⓑ bac (baccalauréat)	男	バカロレア，大学入学資格（試験）	
bagages	男	（複）荷物	
baguette	女	バゲット（パン）	
bain	男	風呂	
prendre un bain		風呂に入る	
banc	男	ベンチ	
banque	女	銀行	
basque	男	バスク語	
bateau (複 *bateaux*)	男	船	
beau, *bel, belle, beaux, belles*			
	形	美しい；晴れた	
il fait beau	非	天気がいい	
beaucoup	副	とても，大いに，たくさん	
beaucoup de		たくさんの	
beaujolais	男	ボージョレ（ワイン）	
beaux-arts	男	（複）美術	
belle	女	美女	
beurre	男	バター	
bibliothèque	女	図書館	
bicyclette	女	自転車	
bien	副	じょうずに；よく	
bien que		～であるのに，～にもかかわらず	
bien sûr	→ sûr		
bière	女	ビール	
bifteck	男	ステーキ	
bifteck frites		ステーキのフライドポテト添え	
billet	男	（飛行機などの）切符；紙幣	
biologie	女	生物学	
blanc, *blanche*	形	白い	
bleu, *e*	形	青い	
(les) Bleus, *Bleues*	固	サッカーのフランス代表チーム	
boire	動	～を飲む	
bois	男	森	
boisson	女	飲み物	
boîte	女	箱	
bon, *bonne*	形	よい；おいしい	
être bon en + 教科名		～がよくできる，得意である	
ah bon		ああそう，へえ	
bonbon	男	キャンディー	
bonjour	男	おはよう，こんにちは	
bonsoir	男	こんばんは	
Bordeaux	固	ボルドー（都市）	
boucherie	女	肉屋	
bouillabaisse	女	ブイヤベース	
boulangerie	女	パン屋	
boulevard	男	大通り	
Bourgogne	固女	ブルゴーニュ（地方）	
boutique	女	（小規模な）店，ブティック	
breton	男	ブルトン語	
brosser (se)	代動	（自分の）～をブラシで磨く	
se brosser les dents		歯を磨く	
brun, *e*	形	（目，髪が）茶色の	
bureau (複 *bureaux*)	男	会社，オフィス	
bus	男	バス	
Ⓒ ça	代	これ，それ，あれ	
		（指示代名詞 p.42）	
cadeau (複 *cadeaux*)	男	贈り物，プレゼント	
café	男	コーヒー；カフェ，喫茶店	
café au lait		カフェ・オ・レ	
cage	女	かご	
cahier	男	ノート	
camomille	女	カモミール	

camping	男	キャンプ
faire du camping		キャンプをする
Canada	固男	カナダ
Cannes	固	カンヌ（都市）
capitale	女	首都
Cartier	固	カルティエ（ブランド）
casser	動	〜を割る，壊す
se casser	代動	自分の〜を折る
cassis	男	カシス
ce	代	これ，それ，あれ
		（指示代名詞 p.42）
c'est pour ça que		そういうわけで，それで
ce, cet, cette, ces	形	この，その，あの
		（指示形容詞 p.21）
CE1 (cours élémentaire 1)		
	男	（日本の）小学校 2 年
CE2 (cours élémentaire 2)		
	男	（日本の）小学校 3 年
ceci	代	これ（指示代名詞 p.42）
ceinture	女	ベルト
cela	代	それ，あれ（指示代名詞 p.42）
célèbre	形	有名な
célibataire	形	独身の
celle		→ celui
celles		→ celui
celui, celle, ceux, celles		
	代	〜のそれ（指示代名詞 p.42）
cent		100，100 の
pour cent		パーセント
cent un		101，101 の
centième		100 番目の；100 分の 1
Centre Pompidou		
	固男	ポンピドゥーセンター
céréales	女	（複）シリアル
ces		→ ce
cet		→ ce
cette		→ ce
ceux		→ celui
chaleur	女	暑さ
chambre	女	部屋，寝室
Champs-Élysées	固男	（複）シャンゼリゼ大通り
Chanel	固	シャネル（ブランド）
changer	動	〜を変える
chanter	動	歌う
chanteur, chanteuse	名	歌手
chapeau (複 chapeaux)	男	帽子

Charles de Gaulle	固男	シャルル・ド・ゴール（フランスの元大統領）
Chartres	固	シャルトル（都市）
chat, chatte	名	猫
château (複 châteaux)	男	城
chaud	男	暑さ
avoir chaud		暑く感じる
chaud, e	形	暑い
il fait chaud	非	（天候が）暑い
chaussettes	女	（複）靴下
chaussures	女	（複）靴
chemise	女	ワイシャツ
chemisier	男	ブラウス
cher, chère	形	高価な
Cherbourg	固	シェルブール（都市）
chercher	動	〜を探す
chéri, e	名	愛しい人
cheval (複 chevaux)	男	馬
cheveu (複 cheveux)	男	髪の毛
chez	前	〜の家で，〜の家に
chien, chienne	名	犬
chimie	女	化学
Chine	固女	中国
chinois	男	中国語
chinois, e	形	中国（人）の
Chinois, e	名	中国人
chocolat	男	チョコレート；ココア
choisir	動	〜を選ぶ
chose	女	（漠然と）こと；物
chou (複 choux)	男	キャベツ
Christian Dior	固	クリスチャン・ディオール（ブランド）
ciel	男	空
cinéma	男	映画；映画館
cinq		5，5 つの
cinquante		50，50 の
cinquième		5 番目の；5 分の 1
cinquième (5ème)	女	（日本の）中学校 1 年
classe	女	教室，クラス
classeur	男	ファイル，バインダー
Claude Monet	固男	クロード・モネ（画家）
clé, clef	女	鍵
Clémentine	固女	クレモンティーヌ（歌手）
clinique	女	私立病院
CM1 (cours moyen 1)		
	男	（日本の）小学校 4 年

CM2 (cours moyen 2)		男	(日本の) 小学校 5 年
cœur	男	心臓；心	
collection	女	収集，コレクション	
collège	男	中学校	
collégien, collégienne	名	中学生	
colline	女	丘	
colonie de vacances	女	林間学校	
combien	副	いくら	
combien de		いくつの，どれだけの	
comédie	女	芝居，喜劇	
comédie musicale		ミュージカル	
commander	動	～を注文する	
comme	接	～のように；～として；～なので	
commencer	動	～を始める；始まる	
comment	副	どのように，どんな風に	
commissariat	男	警察署	
comprendre	動	～がわかる，～を理解する	
concert	男	コンサート	
concours	男	選抜試験，コンクール	
condition	女	条件；調子；体調	
à condition que		～という条件で	
confiance	女	信頼，信用	
faire confiance à		～を信頼する	
confiture	女	ジャム	
connaître	動	～を知っている	
conseil	男	助言，アドバイス	
conseiller	動	～を勧める	
construire	動	～を建てる，建設する	
content, e	形	満足している	
continental, e (男複 continentaux)		形	大陸の
continuer	動	～を続ける	
convoquer	動	～を呼び出す，召集する	
copain, copine	名	友だち（ami よりくだけた言い方）	
(Le) Cordon Bleu	固男	ル・コルドン・ブルー（料理学校）	
Corée	固女	韓国	
coréen	男	韓国語	
coréen, coréenne	形	韓国（人）の	
Coréen, Coréenne	名	韓国人	
correct, e	形	正しい，誤りのない	
corriger	動	～を直す，訂正する	
corse	男	コルシカ語	
côté	男	側，方面	

à côté de		～のとなりに	
coucher (se)	代動	寝る	
couleur	女	色	
coupe du monde	女	ワールドカップ	
couper (se)	代動	自分の～を切る	
cour	女	中庭	
courage	男	勇気	
courageux, courageuse	形	勇敢な	
courir	動	走る	
cours	男	授業	
court, e	形	短い	
cousin, e	名	いとこ	
couteau (複 couteaux)	男	ナイフ	
coûter	動	値段が～する	
couvrir	動	～を覆う	
CP (cours préparatoire)		男	(日本の) 小学校 1 年
cravate	女	ネクタイ	
crayon	男	鉛筆	
crèche	女	保育所	
croire	動	～だと思う，～だと信じる	
croissant	男	クロワッサン	
cuisine	女	料理；台所	
faire la cuisine		料理をする	
cuisinier, cuisinière	名	料理人	
culture	女	文化	
cyclisme	男	サイクリング	
Ⓓ d'abord		まず，最初に	
d'accord		わかりました	
d'après		～によれば	
Danone	固	ダノン（食品メーカー）	
dans	前	～の中に，中で，中へ；（今から）～後に	
danser	動	踊る	
de	前	～の；～から	
Deauville	固	ドーヴィル（都市）	
décembre	男	12 月	
décentralisation	女	地方分権化	
déjà	副	もう，すでに	
déjeuner	男	昼食	
déjeuner	動	昼食をとる	
de la		→ du	
de l'		→ du	
demain	副	明日	
demander	動	～を尋ねる；～を求める	
demi, e	名	2 分の 1	

demi, *e*	形	半分の	
et demie		（時刻の）～時半	
dent	女	歯	
départ	男	出発	
dépêcher (se)	代動	急ぐ	
se dépêcher de		急いで～する	
depuis	前	（過去を起点として）～から	
dernier, *dernière*	形	最後の；この前の	
derrière	前	～の後ろに	
des		→ un	
des		de+les の縮約形 (p.18, p.25)	
descendre	動	降りる；～に泊まる	
désert	男	砂漠	
dessert	男	デザート	
détail	男	詳細	
deux		2，2つの	
deux cents		200，200 の	
deuxième		2番目の	
devant	前	～の前に	
devoir	動	～しなければならない	
devoirs	男	（複）宿題	
d'habitude		いつもは，ふだんは	
dialogue	男	対話	
dictionnaire	男	辞書	
dimanche	男	日曜日	
tous les dimanches		毎週日曜日	
dîner	男	夕食	
dîner	動	夕食をとる	
dire	動	～を言う	
on dirait que		まるで～のようだ	
dix		10，10の	
dix-huit		18，18の	
dix-neuf		19，19の	
dix-neuvième		19番目の；19分の1	
dix-sept		17，17の	
dixième		10番目の；10分の1	
doigt	男	指	
dommage	男	残念なこと	
Dommage！		それは残念だ．	
c'est dommage que		～とは残念だ，惜しい	
donner	動	～を与える，教える	
donner sur		～に面している	
dont	代	その（関係代名詞 p.53）	
dormant, *e*	形	眠っている	
dormir	動	眠る	
douche	女	シャワー	

prendre une douche		シャワーを浴びる	
doux, *douce*	形	甘い；優しい	
douze		12，12の	
droit	男	法学	
droit	副	まっすぐに	
tout droit		まっすぐに	
droite	女	右，右側	
à droite de		～の右に	
sur votre droite		（あなたの）右手に	
du, *de la, de l'*	冠	いくらかの（部分冠詞 p.21）	
du		de+le の縮約形 (p.18, p.25)	
E eau（複 *eaux*）	女	水	
eau minérale		ミネラルウォーター	
éclair	男	エクレア	
école	女	学校，（特に）小学校	
école élémentaire		小学校	
école maternelle		幼稚園	
École nationale d'administration (ENA)			
	固女	国立行政学院	
École normale supérieure			
	固女	高等師範学校	
École polytechnique	固女	理工科学校	
grande école		グランドゼコール，高等専門学校	
écolier, *écolière*	名	小学生	
économie	女	経済学	
écouter	動	～を聞く，～の話を聞く	
écrire	動	（手紙やメールを）書く	
s'écrire	代動	（手紙やメールを）書きあう	
écrivain	男	作家	
Édith Piaf	固女	エディット・ピアフ（歌手）	
égal, *e*（男複 *égaux*）	形	等しい	
égalité	女	平等	
église	女	教会	
élève	名	生徒	
elle	代	彼女は，それは（主語人称代名詞 p.6）；彼女，それ（強勢形 p.13）	
elles	代	彼女たちは，それらは（主語人称代名詞 p.6）；彼女たち，それら（強勢形 p.13）	
e-mail	男	E メール，電子メール	
émission	女	番組	
emménager	動	（新居に）入居する，引っ越す	
employé, *e*	名	勤め人	
employer	動	～を使う	

en	前	～に，～で，～へ；～かかって（所要時間）
en français		フランス語に，フランス語で
en	代	それを（中性代名詞 p.46）
enchanté, e	形	はじめまして
encore	副	まだ
enfance	女	子ども時代
enfant	名	子ども
ensemble	副	いっしょに
entendre	動	～が聞こえる
entre	前	～の間に
entre A et B		AとBの間に
entreprise	女	企業
entrer	動	入る
entrée	女	前菜
envie	女	欲求
avoir envie de		～が欲しい，～したい
envoyer	動	～を送る
épicerie	女	食料品店
équitation	女	乗馬
erreur	女	間違い
escalier	男	階段
escalier roulant		エスカレーター
Espagne	固女	スペイン
espagnol	男	スペイン語
espagnol, e	形	スペイン（人）の
Espagnol, e	名	スペイン人
espérer	動	～を期待する，希望する
essayer	動	～を試す，試着する
estomac	男	胃
et	接	～と，そして
étage	男	階
État	男	国家
États-Unis	固男	（複）アメリカ合衆国
été	男	夏
étranger, étrangère	形	外国の
être	動	～である
étude	女	勉強
étudiant, e	名	（大学の）学生
étudier	動	～を勉強する
euh	間	えーと
euro	男	ユーロ
européen, européenne	形	ヨーロッパの
eux	代	彼ら，それら（強勢形 p.13）
Évian	固	エヴィアン（ミネラルウォーター）

examen	男	試験
excellent, e	形	すばらしい
excusez-moi		失礼，ごめんなさい
Ⓕ fabriquer	動	～を製造する
fac (faculté)	女	大学，学部
façon	女	方法，やり方，流儀
façon de + 不定詞		～する仕方
faible	形	弱い
faim	女	空腹
avoir faim		おなかがすいている
faire	動	～を作る；～をする
il fait	非	天気が～だ
falaise	女	断崖
falloir (il faut)	非動	～しなければならない；～が必要である
famille	女	家族
fatigué, e	形	疲れた
Fauchon	固	フォション（高級食料品店）
fenêtre	女	窓
fermer	動	～を閉める
festival	男	フェスティバル
fête	女	祝祭；パーティー
février	男	2月
fièvre	女	熱
fille	女	娘；女の子
film	男	映画
fils	男	息子
finir	動	～を終える；終わる
fleur	女	花
flûte	女	フルート
folie	女	狂気
à la folie		熱狂的に
fonder	動	～を創設する
football	男	サッカー
formidable	形	すばらしい
fort	副	強く
parler fort		大声で話す
fou, fol, folle, fous, folles	形	気の狂った；熱狂した
frais, fraîche	形	ひんやりとした；新鮮な
fraise	女	イチゴ
français	男	フランス語
français, e	形	フランス（人）の
Français, e	名	フランス人
France	固女	フランス
francophone	形	フランス語を話す

francophone	名	フランス語を話す人	
francophonie	女	フランス語圏	
fraternité	女	博愛	
frère	男	兄，弟	
frigo	男	冷蔵庫	
frites	女	（複）フライドポテト	
froid	男	寒さ	
avoir froid		寒く感じる	
froid, e	形	冷たい，寒い	
il fait froid	非	（天候が）寒い	
fromage	男	チーズ	
fruit	男	果物	
fumer	動	たばこを吸う	
G gagner	動	～を獲得する；勝つ	
garçon	男	男の子	
garder	動	～の世話をする	
gare	女	駅	
gâteau（複 *gâteaux*）	男	ケーキ，菓子	
gauche	女	左，左側	
à gauche de		～の左に	
sur votre gauche		（あなたの）左手に	
Gautier	固	ゴーティエ（姓）	
geler	動	凍る	
il gèle	非	凍りつく	
gens	男	（複）人々，人たち	
gentil, *gentille*	形	親切な	
géographie	女	地理学	
Georges	固	ジョルジュ（男性の名前）	
gestion	女	経営学	
Giverny	固	ジヴェルニー（都市）	
glace	女	アイスクリーム；鏡	
golf	男	ゴルフ	
gomme	女	消しゴム	
gorge	女	のど	
grand, e	形	大きい	
grand magasin → magasin			
grand-mère	女	祖母	
grand-père	男	祖父	
grande école	→ école		
grands-parents	男	（複）祖父母	
gris, e	形	グレーの	
gronder	動	～を叱る	
gros, *grosse*	形	太った，大きな	
guide	男	ガイドブック	
H habiller (s')	代動	服を着る，着替えをする	
habitant, e	名	住民，住人	

habiter	動	～に住む	
haut	副	大声で，はっきりと	
parler haut		大声で話す	
haut, e	形	高い	
haute couture		オートクチュール	
haute saison		ハイシーズン	
Hélène	固	エレーヌ（女性の名前）	
Hermès	固	エルメス（ブランド）	
heure	女	時間；～時	
à l'heure		定刻に	
de bonne heure		朝早く	
heureux, *heureuse*	形	幸せな	
(l')Hexagone	男	フランス本土	
hier	副	昨日	
histoire	女	歴史，歴史学；話	
hiver	男	冬	
homme	男	人間；男性	
hôpital（複 *hôpitaux*）	男	病院	
hors-d'œuvre	男	オードブル	
hôtel	男	ホテル；館	
Hôtel Matignon	固女	マティニョン館（首相官邸）	
huile	女	油	
huit		8，8つの	
huitième		8番目の；8分の1	
hymne	男	賛歌	
I ici	副	ここ	
d'ici		ここから	
idée	女	思いつき，アイディア	
il	代	彼は，それは	
		（主語人称代名詞 p.6）	
il y a	非	～がある	
il y a		（今から）～前に	
île	女	島	
Île-de-France	固女	イル＝ド＝フランス（地方）	
ils	代	彼らは，それらは	
		（主語人称代名詞 p.6）	
impatience	女	待ち切れない思い	
imperméable	男	レインコート	
important, e	形	重要な	
impressionniste	形	印象派の	
indispensable	形	欠くことのできない	
informations	女	（複）（テレビ・ラジオの）ニュース	
informatique	女	情報科学	
inquiéter (s')	代動	心配する	
intelligent, e	形	頭のいい	

intéressant, e	形	おもしろい，興味深い	
intéresser (s')	代動	(à に) 興味を持つ	
international, e	(男複 *internationaux*)		
	形	国際的な	
inviter	動	〜を招待する	
irrésistiblement	副	抵抗できないほど	
Isabelle	固	イザベル（女性の名前）	
Italie	固女	イタリア	
italien	男	イタリア語	
italien, *italienne*	形	イタリア（人）の	
Italien, *Italienne*	名	イタリア人	
Jacques	固	ジャック（男性の名前）	
jambe	女	脚	
janvier	男	1月	
Japon	固男	日本	
japonais	男	日本語	
japonais, e	形	日本（人）の	
Japonais, e	名	日本人	
jardin	男	庭，庭園	
jaune	形	黄色い	
jazz	男	ジャズ	
je	代	私は（主語人称代名詞 p.6）	
je vous en prie		どういたしまして	
Jean	固	ジャン（男性の名前）	
jeter	動	〜を投げる，〜を捨てる	
jeudi	男	木曜日	
jeune	形	若い	
jeux Olympiques	男	（複）オリンピック	
(La) Joconde	固女	モナリザ	
joli, e	形	きれいな，かわいい	
Jordy	固	ジョルディ（姓）	
jouer	動	遊ぶ；演じる	
jouer à		〜で遊ぶ	
jouer de		〜を演奏する	
jour	男	一日，日，曜日	
ce jour-là		その日	
ces jours-ci		最近	
l'autre jour		先日	
tous les jours		毎日	
un autre jour		別の日に	
un de ces jours		近いうちに	
journal	(複 *journaux*)	男 新聞	
journaliste	名	ジャーナリスト	
journée	女	一日，日中	
toute la journée		一日中	
judo	男	柔道	

juillet	男	7月	
juin	男	6月	
jupe	女	スカート	
jus	男	ジュース	
jus de fruits		フルーツジュース	
jusqu'à	前	〜まで	
jusqu'à ce que		〜するまで	
kilo	男	キログラム	
un kilo de		1キロの	
kilomètre	男	キロメートル	
kiri	固	キリ（チーズ）	
Kleenex	男	ティッシュ（商標）	
la	→ le		
là	副	そこ，あそこ	
là-bas	副	あそこに	
Ladurée	固	ラデュレ（高級洋菓子店）	
lait	男	牛乳	
langue	女	言語	
laquelle	→ lequel		
laver (se)	代動	（自分の体・手などを）洗う	
le, *la*, *les*	冠	その，〜というもの（総称）（定冠詞 p.9）	
le, *la*, *les*	代	彼（女）を，彼ら（彼女たち）を，それ（ら）を（目的補語人称代名詞 p.33）	
le	代	そのこと（中性代名詞 p.50）	
leçon	女	授業，課	
légumes	男	（複）野菜	
(le) lendemain	男	翌日	
Lens	固	ランス（都市）	
lequel, *laquelle*, *lesquels*, *lesquelles*			
	代	〜のうちのどれ（誰）（疑問代名詞 p.70）；〜するところの（関係代名詞 p.71）	
les	→ le		
lesquelles	→ lequel		
lesquels	→ lequel		
lettre	女	手紙	
leur, *leurs*	形	彼らの，彼女たちの，それらの（所有形容詞 p.17）	
leur	代	彼らに，彼女たちに（目的補語人称代名詞 p.33）	
lever	動	〜を上げる，持ち上げる	
se lever	代動	起きる；（日が）昇る；（風が）立つ	

liberté	女	自由
librairie	女	本屋
lieu (複 *lieux*)	男	場所
avoir lieu		～が行われる
lire	動	～を読む
se lire	代動	読まれる
littérature	女	文学
livre	男	本
local, *e* (男複 *locaux*)	形	（ある特定の）地方の
L'Occitane	固	ロクシタン（化粧品ブランド）
L'Oréal	固	ロレアル（化粧品ブランド）
loin	副	遠くに
loin de		～から遠くに
Loire	固女	ロワール川；ロワール（地方）
Londres	固	ロンドン（都市）
long, *longue*	形	長い
longtemps	副	長い間
Lorraine	固女	ロレーヌ（地方）
Louis	固男	ルイ（国王）
Louis Vuitton	固	ルイ・ヴィトン（ブランド）
lourd, *e*	形	重い
lui	代	彼（強勢形 p.13）； 彼に，彼女に （目的補語人称代名詞 p.33）
lundi	男	月曜日
lune	女	月
lunettes	女	（複）眼鏡
lycée	男	高校
lycéen, *lycéenne*	名	高校生
Lyon	固	リヨン（都市）
ⓜ ma		→ mon
macaron	男	マカロン
madame (複 *mesdames*)		
	女	女性に対する丁寧な呼びかけ
mademoiselle (複 *mesdemoiselles*)		
	女	未婚の女性に対する丁寧な呼 びかけ
magasin	男	商店
grand magasin		デパート
mai	男	5月
maillot	男	ジャージ
main	女	手
mairie	女	市役所
mais	接	しかし
maison	女	家
mal	男	痛み

avoir mal à		～が痛い
pas mal		（体調が）まあまあだ
malade	形	病気の
manga	男	マンガ
manger	動	～を食べる
manquer	動	～に乗り遅れる
manteau (複 *manteaux*)	男	コート
maquiller (se)	代動	化粧する
marché	男	市場
marcher	動	歩く；（物事が）うまく運ぶ
mardi	男	火曜日
mari	男	夫
Mariage Frères	固	マリアージュ・フレール（紅 茶店）
Marie	固	マリ（女性の名前）
marié, *e*	形	結婚している
marier (se)	代動	結婚する
se marier avec		～と結婚する
marron	男	栗
	形	茶色の
mars	男	3月
(la) Marseillaise	固女	ラ・マルセイエーズ（フラ ンス国歌）
Marseille	固	マルセイユ（都市）
Martin	固	マルタン（姓）
matin	男	朝
mauvais, *e*	形	悪い；まずい；（天候が）悪い
il fait mauvais	非	天気が悪い
me	代	私を，私に （目的補語人称代名詞 p.33）
médecin	男	医者
meilleur, *e*	形	よりよい；よりおいしい （bon の優等比較 p.42）
menthe	女	ミント
menu	男	コース料理，定食
mer	女	海
merci	間	ありがとう
mercredi	男	水曜日
mère	女	母
mes		→ mon
météo	女	天気予報
métro	男	地下鉄
mettre	動	～を置く；～を着る
Metz	固	メス（都市）
Michel Polnareff	固男	ミシェル・ポルナレフ（歌手）
Michelin	固	ミシュラン（タイヤメーカー,

ガイドブック）

midi	男	正午
(le) Midi	固男	南フランス
mieux	副	よりよく；よりうまく
		(bien の優等比較 p.42)
c'est mieux		その方がいい
milieu	男	真ん中
au milieu de		〜の真ん中に
mille		1000，1000 の
mince	形	薄い，ほっそりした
minuit	男	午前零時
miroir	男	鏡
misérable	名	惨めな人，哀れな人
moi	代	私（強勢形 p.13）
moins	前	（時刻の）〜分前
	副	より少なく
moins ... que ~		〜より…でない
		（比較級，最上級 p.41）
mois	男	（暦の）月
mon, ma, mes	形	私の（所有形容詞 p.17）
monde	男	世界；人，人々
beaucoup de monde		多くの人々
tout le monde		みんな，全員
mondial, e (男複 mondiaux)	形	世界の
monsieur (複 messieurs)		
	男	男性に対する丁寧な呼びかけ
mont	男	（固有名詞を伴い）〜山
Mont-Saint-Michel		
	固男	モン＝サン＝ミシェル（観光地）
montagne	女	山
monter	動	登る，上がる
montrer	動	〜を見せる
moquer (se)	代動	(de を) からかう
moto	女	バイク
mouchoir	男	ハンカチ
mourir	動	死ぬ
mouvement	男	動き，運動
musée	男	美術館
musée du Louvre	固男	ルーヴル美術館
musée d'Orsay	固男	オルセー美術館
musical, e (男複 musicaux)	形	音楽の
musique	女	音楽
Ⓝ nager	動	泳ぐ
naître	動	生まれる
Nantes	固	ナント（都市）
Napoléon	固男	ナポレオン

natal, e (男複 natals)	形	生まれた所の
natation	女	水泳
national, e (男複 nationaux)	形	国の，国立の
nationalité	女	国籍
nature	女	自然
ne ... jamais		決して…ない，一度も…ない
ne ... ni ... ni		…も…もない
ne ... pas		…ではない
ne ... pas du tout		全然…ない
ne ... pas encore		まだ…ない
ne ... personne		誰も…ない
ne ... plus		もう…ない
ne ... que		…しかない
ne ... rien		何も…ない
neige	女	雪
neiger	非動	雪が降る
nettoyer	動	〜をきれいにする
neuf		9，9 つの
neuf cents		900，900 の
neuvième		9 番目の；9 分の 1
neveu (複 neveux)	男	甥
Nice	固	ニース（都市）
nièce	女	姪
Noël	男	クリスマス
noir, e	形	黒い
nom	男	名前，姓
non	副	いいえ
Normandie	固女	ノルマンディー（地方）
nos		→ notre
notre, nos	形	私たちの（所有形容詞 p.17）
Notre-Dame	固女	聖母マリア；ノートルダム大聖堂
nous	代	私たちは（主語人称代名詞 p.6）；私たち（強勢形 p.13）；私たちを，私たちに（目的補語人称代名詞 p.33）
nouveau, nouvel, nouvelle, nouveaux, nouvelles		
	形	新しい
novembre	男	11 月
nuage	男	雲
nuit	女	夜
il fait nuit	非	夜になる
numéro	男	番号
nymphéa	男	スイレン
Ⓞ obéir	動	(à に) 従う
occitan	男	オック語

occupé, *e*	形	忙しい
octobre	男	10月
œil (複 *yeux*)	男	目
œuf	男	卵
office du tourisme	男	観光協会
offrir	動	～を贈る，プレゼントする
oh là là		おやおや，あらあら
oiseau (複 *oiseaux*)	男	鳥
on	代	人々は，私たちは（主語代名詞）
oncle	男	おじ
onze		11，11の
orange	女	オレンジ
	形	オレンジ色の
Orange	固	オランジュ（都市）
Orangina	固	オランジーナ（清涼飲料水）
oreille	女	耳
ou	接	または，あるいは
où	副	どこに，どこへ
où	代	～するところの
		（関係代名詞 p.53 場所・時）
oublier	動	～を忘れる
oui	副	はい
ouvrir	動	～をあける
s'ouvrir	代動	開く，あく
P pain	男	パン
pain de campagne		田舎パン
Palais de l'Élysée	固男	エリゼ宮（大統領官邸）
pantalon	男	ズボン
papeterie	女	文具店
parapluie	男	傘
parc	男	公園
parce que	接	～なので；なぜならば
pardon	名	失礼；もう一度お願いします
pareil, *pareille*	形	同じような
parents	男	（複）両親
parfum	男	香り；香水
Paris	固	パリ（都市）
parking	男	駐車場
parler	動	～を話す
parler à		～に話す
parler de		～について話す
partager	動	～を共有する
partir	動	出発する
à partir de		（現在・未来を起点として）～から
pas mal		→ mal

passer	動	～を過ごす
passionnément	副	情熱的に
pâtes	女	（複）パスタ
patience	女	忍耐，我慢
pâtisserie	女	ケーキ屋
pâtissier, *pâtissière*	名	ケーキ職人，パティシエ
patrimoine	男	遺産
Paul	固	ポール（男性の名前）
pays	男	地方，地域；国
pêcheur, *pêcheuse*	名	漁師
peindre	動	～を描く
peintre	男	画家
peinture	女	絵画
pendant	前	～の間
pendre la crémaillère		新居祝いのパーティーを開く
pensant, *e*	形	考える，思考能力のある
penser	動	（à を）考える
penser que		～だと思う
père	男	父
Perrier	固	ペリエ（ミネラルウォーター）
personne	女	人
pétanque	女	ペタンク
petit, *e*	形	小さい
petit déjeuner	男	朝食
prendre son petit déjeuner		朝食をとる
(Le) Petit Prince	固男	星の王子さま（書名）
peu		→ un peu de
peur	女	恐怖，恐れ
avoir peur		（de が）怖い，心配だ
pharmacie	女	薬局
philosophie	女	哲学
photo	女	写真
photographe	名	カメラマン
phrase	女	文
physique	女	物理学
pianiste	名	ピアニスト
piano	男	ピアノ
pied	男	足
Pierre	固	ピエール（男性の名前）
piscine	女	プール
place	女	場所，空間；広場
placer	動	～を置く
plaisir	男	喜び
avec plaisir		喜んで
faire plaisir à		～を喜ばせる

plat	男	料理
plat du jour		日替わり料理，本日のおすすめ料理
plat principal		メインディッシュ
plein, e	形	いっぱいの，満員の
plein de		～でいっぱいの
pleurer	動	泣く
pleuvoir	非動	雨が降る
plus	副	より多く
plus ... que ~		～よりもっと…だ（比較級，最上級 p.41）
poire	女	ナシ
poison	男	毒
poisson	男	魚
poivre	男	こしょう
pomme	女	リンゴ
pont	男	橋
Pont du Gard	固男	ポン・デュ・ガール（観光地）
portable	男	携帯電話
porte-monnaie	男	小銭入れ
portefeuille	男	財布
porter	動	～を身につけている
poser	動	（質問を）する
possible	形	可能な，できる
le plus vite possible		できるだけはやく
poste	女	郵便局
pour	前	～のために
pour que		～するために
pourquoi	副	なぜ
pouvoir	動	～できる
préférer	動	～をより好む
premier	男	（月の）1 日
premier, première	形	最初の，第 1 の
première	女	（日本の）高校 2 年
prendre	動	～を手に取る；（食事などを）とる；（乗り物に）乗る；（道を）進む
préparer	動	～を準備する
se préparer	代動	身支度をする
près	副	近くに
près de		～の近くに
près d'ici		この近くに
présenter	動	～を紹介する
président, e	名	大統領；会長；議長
presser (se)	代動	急ぐ
prêter	動	～を貸す

prince	男	王子
princesse	女	王女
principal, e (男複 principaux)	形	主要な
printemps	男	春
prix	男	賞
prochain, e	形	この次の，今度の
prochainement	副	近いうちに
professeur	名	教師
profession	女	職業
profondément	副	深く
projet	男	計画
promenade	女	散歩
promener	動	（子ども・ペットなどを）散歩させる
se promener	代動	散歩する
proposition	女	提案
Provence	固女	プロヴァンス（地方）
pull	男	セーター
quai	男	河岸
quand	副	いつ
quand	接	～するときに，～のとき
quarante		40，40 の
quart	男	4 分の 1；15 分
trois quarts d'heure		45 分
quartier	男	地区，界隈
quatorze		14，14 の
quatre		4，4 つの
quatre-vingt-dix		90
quatre-vingts		80
quatrième		4 番目の
quatrième (4ème)	女	（日本の）中学校 2 年
que	代	何を（疑問代名詞→ qu'est-ce que）；～するところの（関係代名詞 p.53）
que	接	～ということ（名詞節を導く）
quel, quelle, quels, quelles	形	どんな，何（疑問形容詞 p.14）；（感嘆文で）なんという
quelque(s)	形	いくつかの（不定形容詞）
quelqu'un	代	誰か（不定代名詞）
qu'est-ce que, que, quoi	代	何を（疑問代名詞 p.22）
qu'est-ce qui	代	何が（疑問代名詞 p.22）
question	女	質問
qui	代	誰を；誰が（疑問代名詞 p.22）

qui est-ce que / qui		誰を	
qui est-ce qui / qui		誰が	
qui	代	～するところの	
		(関係代名詞 p.53)	
quinze		15，15の	
quitter	動	～を離れる，去る	
quoi		→ qu'est-ce que	
® radio	女	ラジオ	
raison	女	理由；理性	
avoir raison		正しい	
randonnée	女	ハイキング	
rapide	形	速い	
rappeler	動	～を呼び戻す	
rapport	男	報告，レポート	
raser (se)	代動	ひげをそる	
rassurer	動	～を安心させる	
RATP (Régie autonome des transports parisiens)			
	固女	パリ市交通公団	
réaliser	動	～を実現する	
regarder	動	～を見る	
régional, e (男複 *régionaux*)			
	形	地域の，郷土の	
règle	女	定規	
remarquer	動	～に気づく	
rencontrer	動	～に出会う	
rendez-vous	男	会う約束，デート	
avoir (un) rendez-vous avec + 人			
		～と会う約束がある	
rendre	動	～を返す	
rentrer	動	帰宅する	
repas	男	食事	
répondre	動	(à に) 答える，返事をする	
(la) République (française)			
	固女	フランス共和国	
RER (réseau express régional)			
	固男	首都圏高速交通網	
réserver	動	～を予約する	
respecter	動	～を尊敬する	
restaurant	男	レストラン	
resto-U (restaurant universitaire) 学生食堂			
rester	動	～にとどまる，居続ける	
retard	男	遅れ，遅刻	
en retard		遅れて	
réussir	動	(à に) 成功する	
réveiller (se)	代動	目覚める	
revenir	動	戻ってくる，帰ってくる	

revue	女	雑誌
rez-de-chaussée	男	(建物の) 1 階
riche	形	金持ちの，裕福な
riz	男	米
robe	女	ワンピース
robot	男	ロボット
Roland Garros	固	ロラン・ギャロス（テニスの全仏オープン）
roman	男	小説
rond, e	形	丸い
rose	形	ピンクの
roseau	男	葦（アシ）
Rouen	固	ルーアン（都市）
rouge	形	赤い
rouler	動	(車や列車などが) 走る
route	女	道路
rue	女	通り
russe	男	ロシア語
russe	形	ロシア（人）の
Russe	名	ロシア人
Russie	固女	ロシア
rythme	男	リズム
⑤ sa		→ son
sac	男	バッグ
sac à dos		リュックサック
sage	形	おとなしい，聞き分けのよい
saison	女	季節
salade	女	サラダ
salle	女	会場，ホール
saluer	動	～に挨拶する
salut		やあ，じゃあまた
samedi	男	土曜日
le samedi		毎週土曜日
sans	前	～なしに
santé	女	健康
sauce	女	ソース
savoir	動	～を知っている
sciences politiques	女	(複) 政治学
sec, *sèche*	形	乾いた
second, e		2 番目の
seconde	女	(日本の) 高校 1 年
secrétaire	名	秘書
Seine	固女	セーヌ川
seize		16，16の
sel	男	塩
semaine	女	週

Sénat	固男	上院
sept		7，7つの
septembre	男	9月
septième		7番目の；7分の1
série	女	ひと続き，シリーズ
servir	動	～に食事を出す
ses		→ son
sésame	男	ゴマ
seul, e	形	ただ一つの，唯一の
si	接	それほど
si	副	もし～なら
si nous (on) ＋半過去？		～するのはどう？
s'il vous plaît		お願いします
siècle	男	世紀
signe	男	しるし
site	男	景色，風景；景勝地
six		6，6つの
sixième		6番目の；6分の1
sixième (6ème)	女	（日本の）小学校6年
smartphone	男	スマートフォン
SNCF (Société nationale des chemins de fer français)
	固女	フランス国有鉄道
sociologie	女	社会学
sœur	女	姉，妹
soif	女	（のどの）渇き
avoir soif		のどが渇いている
soir	男	晩，夕方，夜
soirée	女	夜の時間，夜のパーティー
soixante		60，60の
soixante-dix		70，70の
soleil	男	太陽
sommeil	男	眠け
avoir sommeil		眠い
sommet	男	頂，頂上；サミット
son, sa, ses	形	彼（女）の (所有形容詞 p.17)
sonner	動	鳴る
Sophie	固	ソフィー（女性の名前）
sorbet	男	シャーベット
sorcier, sorcière	名	魔法使い
sortir	動	出る，外に出る
souhaiter	動	～を願う，望む
soupe	女	スープ
sous	前	～の下に
souvenir (se)	代動	（de を）覚えている
souvent	副	しばしば，よく
spectateur, spectatrice	名	観客

sport	男	スポーツ
sportif, sportive	形	スポーツ好きな
station	女	駅
studieux, studieuse	形	勤勉な
styliste	名	デザイナー
stylo	男	ペン，万年筆
stylo à bille		ボールペン
sucre	男	砂糖
Suisse	名	スイス人
suite	女	続き
tout de suite		すぐに
suivre	動	～の後について行く；（授業を）受ける
super	形	最高の，すごい
supermarché	男	スーパー
sur	前	～の上に，（方向）～の方に
sûr, e	形	（de を）確信している
bien sûr		もちろん
surtout	副	とりわけ，特に
Sylvie Vartan	固女	シルヴィー・ヴァルタン（歌手）
sympa (sympathique)	形	感じのいい
◯ ta		→ ton
table	女	テーブル
talent	男	才能
tant de		多くの
tant pis		残念だが仕方がない
tante	女	おば
tard	副	遅く
tarte	女	タルト
tartine	女	タルティーヌ（パン）
tasse	女	カップ
taxi	男	タクシー
te	代	君を，君に (目的補語人称代名詞 p.33)
technique	女	技術
télé (télévision)	女	テレビ
téléphoner	動	（à に）電話をかける
se téléphoner	代動	電話しあう
temps	男	時；時間；天気
de temps en temps		時々
tennis	男	テニス
terminale	女	（日本の）高校3年
terminer	動	～をやり終える
terrasse	女	テラス
terre	女	地球；地面
par terre		地面に

87

tes		→ ton
tête	女	頭
texte	男	本文，テキスト
TGV (train à grande vitesse)	固男	フランス新幹線
thé	男	紅茶
théâtre	男	演劇；劇場
ticket	男	（バスなどの）切符
tiens	間	おや，まあ
tiers	男	3分の1
timide	形	内気な
toi	代	君（強勢形 p.13）
toilette	女	身づくろい，洗面，化粧
faire sa toilette		洗面（化粧）をする
toilettes	女	（複）トイレ
tomate	女	トマト
tomber	動	落ちる；転ぶ
ça tombe bien		タイミングがいいね
ton, *ta*, *tes*	形	君の（所有形容詞 p.17）
tort	男	間違い
avoir tort		間違っている
tôt	副	早く，早い時間に
toucher	動	～を感動させる
toujours	副	いつも
tour	男	一周，周遊旅行
tour du monde		世界一周
Tour de France	固男	ツール・ド・フランス（自転車レース）
tour	女	塔，タワー
tour Eiffel	固女	エッフェル塔
tourner	動	曲がる
tout, *toute*, *tous*, *toutes*	形	すべての～，～全体（不定形容詞）
tout de suite		→ suite
traduire	動	～を翻訳する
train	男	列車，電車
travail (複 *travaux*)	男	仕事；勉強
travailler	動	働く；勉強する
treize		13，13の
trente		30，30の
trente et un		31，31の
très	副	非常に，とても
très bien		とてもよく
tricolore	形	3色の
triste	形	悲しい
tristesse	女	悲しみ

trois		3，3つの
troisième		3番目の
troisième (3ᵉᵐᵉ)	女	（日本の）中学校3年
trop	副	あまりに
trop de		あまりに多くの
trousse	女	ペンケース
trouver	動	～を見つける
trouver + 名詞 + 形容詞		～を～だと思う
se trouver	代動	（ある場所・状態に）いる，ある
tsunami	男	津波
tu	代	君は（主語人称代名詞 p.6）
U UE (Union européenne)	固女	ヨーロッパ連合，EU
un, *une*, *des*	冠	ある，いくつかの（不定冠詞 p.9）；
un, *une*		1，1つの
université	女	大学
un peu de		少しの
utiliser	動	～を使う
V vacances	女	（複）ヴァカンス
valise	女	スーツケース
vallée	女	谷
valoir	動	～の値段である
il vaut mieux que	非	～するほうがよい
(la) veille	女	前日
vélo	男	自転車
vendeur, *vendeuse*	名	店員
vendre (se)	代動	売れる
vendredi	男	金曜日
venir	動	来る
vent	男	風
ventre	男	腹
vérité	女	本当のこと，真実
vers	前	～の頃に
Versailles	固	ヴェルサイユ（都市）
vert, *e*	形	緑の
veste	女	上着，ジャケット
viande	女	肉
vie	女	生命；一生，人生
vie active		就労期間，現役期間
viennoiserie	女	菓子パン
vieux, *vieil*, *vieille*, *vieux*, *vieilles*	形	年取った；古い
village	男	村
ville	女	都市，都会，町

vin	男	ワイン
vingt		20，20 の
vingt et un		21，21 の
vingt et unième		21 番目の
vingtième		20 番目の；20 分の 1
violet, *violette*	形	紫の
virgule	女	コンマ，小数点
visage	男	顔
visiter	動	～を訪れる，見物する
vite	副	はやく
vitesse	女	速度
à toute vitesse		大急ぎで
vive	間	ばんざい
voici	副	ここに～がある
voilà	副	あそこに～がある
voir	動	～が見える；～に会う；～を理解する
se voir	代動	互いに会う
voisin, *e*	名	隣人
voiture	女	車

voix	女	声
Volvic	固	ボルヴィック（ミネラルウォーター）
vos		→ votre
votre, *vos*	形	あなた（たち）の (所有形容詞 p.17)
vouloir	動	～が欲しい，～したい
vous	代	あなた（たち）は（主語人称代名詞 p.6）；あなた（たち）（強勢形 p.13）；あなた（たち）を，あなた（たち）に（目的補語人称代名詞 p.33）
voyage	男	旅行
voyager	動	旅行する
Ⓦ week-end	男	週末
Ⓨ y	代	そこに，それに (中性代名詞 p.50)
yeux		→ œil
Ⓩ Zaz	固女	ザーズ（歌手）

ヴァズィ！

── 初級フランス語　会話・文法そして文化 ──
（改訂二版）

田辺　保子　著
西部由里子

2014. 3. 1　初版発行
2018. 4. 1　改訂版発行
2023. 2. 1　改訂二版発行

発行者　井　田　洋　二

〒 101-0062 東京都千代田区神田駿河台 3 の 7
発行所　電話 03(3291)1676　FAX 03(3291)1675
振替 00190-3-56669

株式
会社　駿河台出版社

製版・印刷・製本　㈱フォレスト
http://www.e-surugadai.com
ISBN 978-4-411-01140-4

動 詞 活 用 表

accueillir	22	écrire	40	pleuvoir	61
acheter	10	émouvoir	55	pouvoir	54
acquérir	26	employer	13	préférer	12
aimer	7	envoyer	15	prendre	29
aller	16	être	2	recevoir	52
appeler	11	être aimé(e)(s)	5	rendre	28
(s')asseoir	60	être allé(e)(s)	4	résoudre	42
avoir	1	faire	31	rire	48
avoir aimé	3	falloir	62	rompre	50
battre	46	finir	17	savoir	56
boire	41	fuir	27	sentir	19
commencer	8	(se) lever	6	suffire	34
conclure	49	lire	33	suivre	38
conduire	35	manger	9	tenir	20
connaître	43	mettre	47	vaincre	51
coudre	37	mourir	25	valoir	59
courir	24	naître	44	venir	21
craindre	30	ouvrir	23	vivre	39
croire	45	partir	18	voir	57
devoir	53	payer	14	vouloir	58
dire	32	plaire	36		

◇ **単純時称の作り方**

不定法		直説法現在		接続法現在		直説法半過去	
—er　[e]	je (j')	—e　[無音]	—s　[無音]	—e　[無音]		—ais　[ɛ]	
—ir　[ir]	tu	—es　[無音]	—s　[無音]	—es　[無音]		—ais　[ɛ]	
—re　[r]	il	—e　[無音]	—t　[無音]	—e　[無音]		—ait　[ɛ]	
—oir　[war]	nous	—ons　[ɔ̃]		—ions　[jɔ̃]		—ions　[jɔ̃]	
	vous	—ez　[e]		—iez　[je]		—iez　[je]	
現在分詞	ils	—ent　[無音]		—ent　[無音]		—aient　[ɛ]	
—ant　[ɑ̃]							

	直説法単純未来		条件法現在	
je (j')	—rai	[re]	—rais	[rɛ]
tu	—ras	[rɑ]	—rais	[rɛ]
il	—ra	[ra]	—rait	[rɛ]
nous	—rons	[rɔ̃]	—rions	[rjɔ̃]
vous	—rez	[re]	—riez	[rje]
ils	—ront	[rɔ̃]	—raient	[rɛ]

	直　説　法　単　純　過　去					
je	—ai	[e]	—is	[i]	—us	[y]
tu	—as	[ɑ]	—is	[i]	—us	[y]
il	—a	[a]	—it	[i]	—ut	[y]
nous	—âmes	[am]	—îmes	[im]	—ûmes	[ym]
vous	—âtes	[at]	—îtes	[it]	—ûtes	[yt]
ils	—èrent	[ɛr]	—irent	[ir]	—urent	[yr]

過去分詞	—é [e], —i [i], —u [y], —s [無音], —t [無音]

① **直説法現在**の単数形は，第一群動詞では—e, —es, —e ; 他の動詞ではほとんど—s, —s, —t.

② **直説法現在**と**接続法現在**では，nous, vous の語幹が，他の人称の語幹と異なること (母音交替) がある.

③ **命令法**は，直説法現在の tu, nous, vous をとった形. (ただし—es → e　vas → va)

④ **接続法現在**は，多く直説法現在の 3 人称複数形から作られる. ils partent → je parte.

⑤ **直説法半過去**と**現在分詞**は，直説法現在の 1 人称複数形から作られる.

⑥ **直説法単純未来**と**条件法現在**は多く不定法から作られる. aimer → j'aimerai, finir → je finirai, rendre → je rendrai (-oir 型の語幹は不規則).

1. avoir

	直　説　法		
現在分詞 ayant 過去分詞 eu [y]	現　在 j'　　ai tu　　as il　　a nous　avons vous　avez ils　　ont	半　過　去 j'　　avais tu　　avais il　　avait nous　avions vous　aviez ils　　avaient	単　純　過　去 j'　　eus　　[y] tu　　eus il　　eut nous　eûmes vous　eûtes ils　　eurent
命　令　法 aie ayons ayez	複　合　過　去 j'　　ai　　eu tu　　as　　eu il　　a　　eu nous　avons　eu vous　avez　eu ils　　ont　eu	大　過　去 j'　　avais　eu tu　　avais　eu il　　avait　eu nous　avions　eu vous　aviez　eu ils　　avaient　eu	前　過　去 j'　　eus　eu tu　　eus　eu il　　eut　eu nous　eûmes　eu vous　eûtes　eu ils　　eurent　eu

2. être

	直　説　法		
現在分詞 étant 過去分詞 été	現　在 je　　suis tu　　es il　　est nous　sommes vous　êtes ils　　sont	半　過　去 j'　　étais tu　　étais il　　était nous　étions vous　étiez ils　　étaient	単　純　過　去 je　　fus tu　　fus il　　fut nous　fûmes vous　fûtes ils　　furent
命　令　法 sois soyons soyez	複　合　過　去 j'　　ai　été tu　　as　été il　　a　été nous　avons　été vous　avez　été ils　　ont　été	大　過　去 j'　　avais　été tu　　avais　été il　　avait　été nous　avions　été vous　aviez　été ils　　avaient　été	前　過　去 j'　　eus　été tu　　eus　été il　　eut　été nous　eûmes　été vous　eûtes　été ils　　eurent　été

3. avoir aimé

［複合時称］	直　説　法		
分詞複合形 ayant aimé 命　令　法 aie aimé ayons aimé ayez aimé	複　合　過　去 j'　　ai　aimé tu　　as　aimé il　　a　aimé elle　a　aimé nous　avons　aimé vous　avez　aimé ils　　ont　aimé elles　ont　aimé	大　過　去 j'　　avais　aimé tu　　avais　aimé il　　avait　aimé elle　avait　aimé nous　avions　aimé vous　aviez　aimé ils　　avaient　aimé elles　avaient　aimé	前　過　去 j'　　eus　aimé tu　　eus　aimé il　　eut　aimé elle　eut　aimé nous　eûmes　aimé vous　eûtes　aimé ils　　eurent　aimé elles　eurent　aimé

4. être allé(e)(s)

［複合時称］	直　説　法		
分詞複合形 étant allé(e)(s) 命　令　法 sois allé(e) soyons allé(e)s soyez allé(e)(s)	複　合　過　去 je　　suis　allé(e) tu　　es　allé(e) il　　est　allé elle　est　allée nous　sommes　allé(e)s vous　êtes　allé(e)(s) ils　　sont　allés elles　sont　allées	大　過　去 j'　　étais　allé(e) tu　　étais　allé(e) il　　était　allé elle　était　allée nous　étions　allé(e)s vous　étiez　allé(e)(s) ils　　étaient　allés elles　étaient　allées	前　過　去 je　　fus　allé(e) tu　　fus　allé(e) il　　fut　allé elle　fut　allée nous　fûmes　allé(e)s vous　fûtes　allé(e)(s) ils　　furent　allés elles　furent　allées

		条　件　法		接　続　法	
単　純　未　来		現　在		現　在	半　過　去
j' aurai		j' aurais		j' aie	j' eusse
tu auras		tu aurais		tu aies	tu eusses
il aura		il aurait		il ait	il eût
nous aurons		nous aurions		nous ayons	nous eussions
vous aurez		vous auriez		vous ayez	vous eussiez
ils auront		ils auraient		ils aient	ils eussent
前　未　来		過　去		過　去	大　過　去
j' aurai eu		j' aurais eu		j' aie eu	j' eusse eu
tu auras eu		tu aurais eu		tu aies eu	tu eusses eu
il aura eu		il aurait eu		il ait eu	il eût eu
nous aurons eu		nous aurions eu		nous ayons eu	nous eussions eu
vous aurez eu		vous auriez eu		vous ayez eu	vous eussiez eu
ils auront eu		ils auraient eu		ils aient eu	ils eussent eu

		条　件　法		接　続　法	
単　純　未　来		現　在		現　在	半　過　去
je serai		je serais		je sois	je fusse
tu seras		tu serais		tu sois	tu fusses
il sera		il serait		il soit	il fût
nous serons		nous serions		nous soyons	nous fussions
vous serez		vous seriez		vous soyez	vous fussiez
ils seront		ils seraient		ils soient	ils fussent
前　未　来		過　去		過　去	大　過　去
j' aurai été		j' aurais été		j' aie été	j' eusse été
tu auras été		tu aurais été		tu aies été	tu eusses été
il aura été		il aurait été		il ait été	il eût été
nous aurons été		nous aurions été		nous ayons été	nous eussions été
vous aurez été		vous auriez été		vous ayez été	vous eussiez été
ils auront été		ils auraient été		ils aient été	ils eussent été

		条　件　法		接　続　法	
前　未　来		過　去		過　去	大　過　去
j' aurai aimé		j' aurais aimé		j' aie aimé	j' eusse aimé
tu auras aimé		tu aurais aimé		tu aies aimé	tu eusses aimé
il aura aimé		il aurait aimé		il ait aimé	il eût aimé
elle aura aimé		elle aurait aimé		elle ait aimé	elle eût aimé
nous aurons aimé		nous aurions aimé		nous ayons aimé	nous eussions aimé
vous aurez aimé		vous auriez aimé		vous ayez aimé	vous eussiez aimé
ils auront aimé		ils auraient aimé		ils aient aimé	ils eussent aimé
elles auront aimé		elles auraient aimé		elles aient aimé	elles eussent aimé

		条　件　法		接　続　法	
前　未　来		過　去		過　去	大　過　去
je serai allé(e)		je serais allé(e)		je sois allé(e)	je fusse allé(e)
tu seras allé(e)		tu serais allé(e)		tu sois allé(e)	tu fusse allé(e)
il sera allé		il serait allé		il soit allé	il fût allé
elle sera allée		elle serait allée		elle soit allée	elle fût allée
nous serons allé(e)s		nous serions allé(e)s		nous soyons allé(e)s	nous fussions allé(e)s
vous serez allé(e)(s)		vous seriez allé(e)(s)		vous soyez allé(e)(s)	vous fussiez allé(e)(s)
ils seront allés		ils seraient allés		ils soient allés	ils fussent allés
elles seront allées		elles seraient allées		elles soient allées	elles fussent allées

5. être aimé(e)(s) ［受動態］

直　説　法							接　続　法		
現　在			**複　合　過　去**				**現　在**		
je	suis	aimé(e)	j'	ai	été	aimé(e)	je	sois	aimé(e)
tu	es	aimé(e)	tu	as	été	aimé(e)	tu	sois	aimé(e)
il	est	aimé	il	a	été	aimé	il	soit	aimé
elle	est	aimée	elle	a	été	aimée	elle	soit	aimée
nous	sommes	aimé(e)s	nous	avons	été	aimé(e)s	nous	soyons	aimé(e)s
vous	êtes	aimé(e)(s)	vous	avez	été	aimé(e)(s)	vous	soyez	aimé(e)(s)
ils	sont	aimés	ils	ont	été	aimés	ils	soient	aimés
elles	sont	aimées	elles	ont	été	aimées	elles	soient	aimées
半　過　去			**大　過　去**				**過　去**		
j'	étais	aimé(e)	j'	avais	été	aimé(e)	j'	aie	été	aimé(e)
tu	étais	aimé(e)	tu	avais	été	aimé(e)	tu	aies	été	aimé(e)
il	était	aimé	il	avait	été	aimé	il	ait	été	aimé
elle	était	aimée	elle	avait	été	aimée	elle	ait	été	aimée
nous	étions	aimé(e)s	nous	avions	été	aimé(e)s	nous	ayons	été	aimé(e)s
vous	étiez	aimé(e)(s)	vous	aviez	été	aimé(e)(s)	vous	ayez	été	aimé(e)(s)
ils	étaient	aimés	ils	avaient	été	aimés	ils	aient	été	aimés
elles	étaient	aimées	elles	avaient	été	aimées	elles	aient	été	aimées
単　純　過　去			**前　過　去**				**半　過　去**		
je	fus	aimé(e)	j'	eus	été	aimé(e)	je	fusse	aimé(e)
tu	fus	aimé(e)	tu	eus	été	aimé(e)	tu	fusses	aimé(e)
il	fut	aimé	il	eut	été	aimé	il	fût	aimé
elle	fut	aimée	elle	eut	été	aimée	elle	fût	aimée
nous	fûmes	aimé(e)s	nous	eûmes	été	aimé(e)s	nous	fussions	aimé(e)s
vous	fûtes	aimé(e)(s)	vous	eûtes	été	aimé(e)(s)	vous	fussiez	aimé(e)(s)
ils	furent	aimés	ils	eurent	été	aimés	ils	fussent	aimés
elles	furent	aimées	elles	eurent	été	aimées	elles	fussent	aimées
単　純　未　来			**前　未　来**				**大　過　去**		
je	serai	aimé(e)	j'	aurai	été	aimé(e)	j'	eusse	été	aimé(e)
tu	seras	aimé(e)	tu	auras	été	aimé(e)	tu	eusses	été	aimé(e)
il	sera	aimé	il	aura	été	aimé	il	eût	été	aimé
elle	sera	aimée	elle	aura	été	aimée	elle	eût	été	aimée
nous	serons	aimé(e)s	nous	aurons	été	aimé(e)s	nous	eussions	été	aimé(e)s
vous	serez	aimé(e)(s)	vous	aurez	été	aimé(e)(s)	vous	eussiez	été	aimé(e)(s)
ils	seront	aimés	ils	auront	été	aimés	ils	eussent	été	aimés
elles	seront	aimées	elles	auront	été	aimées	elles	eussent	été	aimées

条　件　法							
現　在			**過　去**				**現在分詞**
je	serais	aimé(e)	j'	aurais	été	aimé(e)	étant aimé(e)(s)
tu	serais	aimé(e)	tu	aurais	été	aimé(e)	
il	serait	aimé	il	aurait	été	aimé	**過去分詞**
elle	serait	aimée	elle	aurait	été	aimée	été aimé(e)(s)
nous	serions	aimé(e)s	nous	aurions	été	aimé(e)s	
vous	seriez	aimé(e)(s)	vous	auriez	été	aimé(e)(s)	**命　令　法**
ils	seraient	aimés	ils	auraient	été	aimés	sois　aimé(e)s
elles	seraient	aimées	elles	auraient	été	aimées	soyons　aimé(e)s
							soyez　aimé(e)(s)

6. se lever ［代名動詞］

直　説　法				接　続　法		
現　在			**複　合　過　去**	**現　在**		
je	me	lève	je me suis levé(e)	je	me	lève
tu	te	lèves	tu t' es levé(e)	tu	te	lèves
il	se	lève	il s' est levé	il	se	lève
elle	se	lève	elle s' est levée	elle	se	lève
nous	nous	levons	nous nous sommes levé(e)s	nous	nous	levions
vous	vous	levez	vous vous êtes levé(e)(s)	vous	vous	leviez
ils	se	lèvent	ils se sont levés	ils	se	lèvent
elles	se	lèvent	elles se sont levées	elles	se	lèvent
半　過　去			**大　過　去**	**過　去**		
je	me	levais	je m' étais levé(e)	je	me	sois levé(e)
tu	te	levais	tu t' étais levé(e)	tu	te	sois levé(e)
il	se	levait	il s' était levé	il	se	soit levé
elle	se	levait	elle s' était levée	elle	se	soit levée
nous	nous	levions	nous nous étions levé(e)s	nous	nous	soyons levé(e)s
vous	vous	leviez	vous vous étiez levé(e)(s)	vous	vous	soyez levé(e)(s)
ils	se	levaient	ils s' étaient levés	ils	se	soient levés
elles	se	levaient	elles s' étaient levées	elles	se	soient levées
単　純　過　去			**前　過　去**	**半　過　去**		
je	me	levai	je me fus levé(e)	je	me	levasse
tu	te	levas	tu te fus levé(e)	tu	te	levasses
il	se	leva	il se fut levé	il	se	levât
elle	se	leva	elle se fut levée	elle	se	levât
nous	nous	levâmes	nous nous fûmes levé(e)s	nous	nous	levassions
vous	vous	levâtes	vous vous fûtes levé(e)(s)	vous	vous	levassiez
ils	se	levèrent	ils se furent levés	ils	se	levassent
elles	se	levèrent	elles se furent levées	elles	se	levassent
単　純　未　来			**前　未　来**	**大　過　去**		
je	me	lèverai	je me serai levé(e)	je	me	fusse levé(e)
tu	te	lèveras	tu te seras levé(e)	tu	te	fusses levé(e)
il	se	lèvera	il se sera levé	il	se	fût levé
elle	se	lèvera	elle se sera levée	elle	se	fût levée
nous	nous	lèverons	nous nous serons levé(e)s	nous	nous	fussions levé(e)s
vous	vous	lèverez	vous vous serez levé(e)(s)	vous	vous	fussiez levé(e)(s)
ils	se	lèveront	ils se seront levés	ils	se	fussent levés
elles	se	lèveront	elles se seront levées	elles	se	fussent levées

条　件　法				現在分詞
現　在			**過　去**	
je	me	lèverais	je me serais levé(e)	se levant
tu	te	lèverais	tu te serais levé(e)	
il	se	lèverait	il se serait levé	
elle	se	lèverait	elle se serait levée	**命　令　法**
nous	nous	lèverions	nous nous serions levé(e)s	
vous	vous	lèveriez	vous vous seriez levé(e)(s)	lève-toi
ils	se	lèveraient	ils se seraient levés	levons-nous
elles	se	lèveraient	elles se seraient levées	levez-vous

◇ se が間接補語のとき過去分詞は性・数の変化をしない.

不 定 法 現在分詞 過去分詞	直 説 法			
	現　在	半　過　去	単純過去	単純未来
7. aimer *aimant* *aimé*	j' aime tu aimes il aime n. aimons v. aimez ils aiment	j' aimais tu aimais il aimait n. aimions v. aimiez ils aimaient	j' aimai tu aimas il aima n. aimâmes v. aimâtes ils aimèrent	j' aimerai tu aimeras il aimera n. aimerons v. aimerez ils aimeront
8. commencer *commençant* *commencé*	je commence tu commences il commence n. commençons v. commencez ils commencent	je commençais tu commençais il commençait n. commencions v. commenciez ils commençaient	je commençai tu commenças il commença n. commençâmes v. commençâtes ils commencèrent	je commencerai tu commenceras il commencera n. commencerons v. commencerez ils commenceront
9. manger *mangeant* *mangé*	je mange tu manges il mange n. mangeons v. mangez ils mangent	je mangeais tu mangeais il mangeait n. mangions v. mangiez ils mangeaient	je mangeai tu mangeas il mangea n. mangeâmes v. mangeâtes ils mangèrent	je mangerai tu mangeras il mangera n. mangerons v. mangerez ils mangeront
10. acheter *achetant* *acheté*	j' achète tu achètes il achète n. achetons v. achetez ils achètent	j' achetais tu achetais il achetait n. achetions v. achetiez ils achetaient	j' achetai tu achetas il acheta n. achetâmes v. achetâtes ils achetèrent	j' achèterai tu achèteras il achètera n. achèterons v. achèterez ils achèteront
11. appeler *appelant* *appelé*	j' appelle tu appelles il appelle n. appelons v. appelez ils appellent	j' appelais tu appelais il appelait n. appelions v. appeliez ils appelaient	j' appelai tu appelas il appela n. appelâmes v. appelâtes ils appelèrent	j' appellerai tu appelleras il appellera n. appellerons v. appellerez ils appelleront
12. préférer *préférant* *préféré*	je préfère tu préfères il préfère n. préférons v. préférez ils préfèrent	je préférais tu préférais il préférait n. préférions v. préfériez ils préféraient	je préférai tu préféras il préféra n. préférâmes v. préférâtes ils préférèrent	je préférerai tu préféreras i! préférera n. préférerons v. préférerez ils préféreront
13. employer *employant* *employé*	j' emploie tu emploies il emploie n. employons v. employez ils emploient	j' employais tu employais il employait n. employions v. employiez ils employaient	j' employai tu employas il employa n. employâmes v. employâtes ils employèrent	j' emploierai tu emploieras il emploiera n. emploierons v. emploierez ils emploieront

条　件　法		接　続　法			命　令　法	同　型
現　　在		現　　在		半　過　去		
j'　aimerais		j'　aime		j'　aimasse		注語尾 -er の動詞
tu　aimerais		tu　aimes		tu　aimasses	aime	（除：aller, envoyer）
il　aimerait		il　aime		il　aimât		を第一群規則動詞と
n.　aimerions		n.　aimions		n.　aimassions	aimons	もいう.
v.　aimeriez		v.　aimiez		v.　aimassiez	aimez	
ils　aimeraient		ils　aiment		ils　aimassent		
je　commencerais		je　commence		je　commençasse		avancer
tu　commencerais		tu　commences		tu　commençasses	commence	effacer
il　commencerait		il　commence		il　commençât		forcer
n.　commencerions		n.　commencions		n.　commençassions	commençons	lancer
v.　commenceriez		v.　commenciez		v.　commençassiez	commencez	placer
ils　commenceraient		ils　commencent		ils　commençassent		prononcer remplacer renoncer
je　mangerais		je　mange		je　mangeasse		arranger
tu　mangerais		tu　manges		tu　mangeasses	mange	changer
il　mangerait		il　mange		il　mangeât		charger
n.　mangerions		n.　mangions		n.　mangeassions	mangeons	déranger
v.　mangeriez		v.　mangiez		v.　mangeassiez	mangez	engager
ils　mangeraient		ils　mangent		ils　mangeassent		manger obliger voyager
j'　achèterais		j'　achète		j'　achetasse		achever
tu　achèterais		tu　achètes		tu　achetasses	achète	amener
il　achèterait		il　achète		il　achetât		enlever
n.　achèterions		n.　achetions		n.　achetassions	achetons	lever
v.　achèteriez		v.　achetiez		v.　achetassiez	achetez	mener
ils　achèteraient		ils　achètent		ils　achetassent		peser (se) promener
j'　appellerais		j'　appelle		j'　appelasse		jeter
tu　appellerais		tu　appelles		tu　appelasses	appelle	rappeler
il　appellerait		il　appelle		il　appelât		rejeter
n.　appellerions		n.　appelions		n.　appelassions	appelons	renouveler
v.　appelleriez		v.　appeliez		v.　appelassiez	appelez	
ils　appelleraient		ils　appellent		ils　appelassent		
je　préférerais		je　préfère		je　préférasse		considérer
tu　préférerais		tu　préfères		tu　préférasses	préfère	désespérer
il　préférerait		il　préfère		il　préférât		espérer
n.　préférerions		n.　préférions		n.　préférassions	préférons	inquiéter
v.　préféreriez		v.　préfériez		v.　préférassiez	préférez	pénétrer
ils　préféreraient		ils　préfèrent		ils　préférassent		posséder répéter sécher
j'　emploierais		j'　emploie		j'　employasse		-oyer（除：envoyer）
tu　emploierais		tu　emploies		tu　employasses	emploie	-uyer
il　emploierait		il　emploie		il　employât		appuyer
n.　emploierions		n.　employions		n.　employassions	employons	ennuyer
v.　emploieriez		v.　employiez		v.　employassiez	employez	essuyer
ils　emploieraient		ils　emploient		ils　employassent		nettoyer

不 定 法 現在分詞 過去分詞	直 説 法			
	現　在	半 過 去	単純過去	単純未来
14. payer *payant* *payé*	je　paye (paie) tu　payes (paies) il　paye (paie) n.　payons v.　payez ils payent (paient)	je　payais tu　payais il　payait n.　payions v.　payiez ils payaient	je　payai tu　payas il　paya n.　payâmes v.　payâtes ils payèrent	je　payerai (paierai) tu　payeras (*etc....*) il　payera n.　payerons v.　payerez ils payeront
15. envoyer *envoyant* *envoyé*	j'　envoie tu　envoies il　envoie n.　envoyons v.　envoyez ils envoient	j'　envoyais tu　envoyais il　envoyait n.　envoyions v.　envoyiez ils envoyaient	j'　envoyai tu　envoyas il　envoya n.　envoyâmes v.　envoyâtes ils envoyèrent	j'　**enverrai** tu　**enverras** il　**enverra** n.　**enverrons** v.　**enverrez** ils **enverront**
16. aller *allant* *allé*	je　**vais** tu　**vas** il　**va** n.　allons v.　allez ils **vont**	j'　allais tu　allais il　allait n.　allions v.　alliez ils allaient	j'　allai tu　allas il　alla n.　allâmes v.　allâtes ils allèrent	j'　**irai** tu　**iras** il　**ira** n.　**irons** v.　**irez** ils **iront**
17. finir *finissant* *fini*	je　finis tu　finis il　finit n.　finissons v.　finissez ils finissent	je　finissais tu　finissais il　finissait n.　finissions v.　finissiez ils finissaient	je　finis tu　finis il　finit n.　finîmes v.　finîtes ils finirent	je　finirai tu　finiras il　finira n.　finirons v.　finirez ils finiront
18. partir *partant* *parti*	je　pars tu　pars il　part n.　partons v.　partez ils partent	je　partais tu　partais il　partait n.　partions v.　partiez ils partaient	je　partis tu　partis il　partit n.　partîmes v.　partîtes ils partirent	je　partirai tu　partiras il　partira n.　partirons v.　partirez ils partiront
19. sentir *sentant* *senti*	je　sens tu　sens il　sent n.　sentons v.　sentez ils sentent	je　sentais tu　sentais il　sentait n.　sentions v.　sentiez ils sentaient	je　sentis tu　sentis il　sentit n.　sentîmes v.　sentîtes ils sentirent	je　sentirai tu　sentiras il　sentira n.　sentirons v.　sentirez ils sentiront
20. tenir *tenant* *tenu*	je　tiens tu　tiens il　tient n.　tenons v.　tenez ils tiennent	je　tenais tu　tenais il　tenait n.　tenions v.　teniez ils tenaient	je　tins tu　tins il　tint n.　tînmes v.　tîntes ils tinrent	je　**tiendrai** tu　**tiendras** il　**tiendra** n.　**tiendrons** v.　**tiendrez** ils **tiendront**

条 件 法	接 続 法		命 令 法	同 型
現　在	現　在	半 過 去		
je payerais (paierais) tu payerais (etc....) il payerait n. payerions v. payeriez ils payeraient	je paye (paie) tu payes (paies) il paye (paie) n. payions v. payiez ils payent (paient)	je payasse tu payasses il payât n. payassions v. payassiez ils payassent	paie (paye) payons payez	[発音] je paye [ʒəpɛj], je paie 「ʒəpɛ」; je payerai [ʒəpɛjre], je paierai 「ʒəpɛre].
j' enverrais tu enverrais il enverrait n. enverrions v. enverriez ils enverraient	j' envoie tu envoies il envoie n. envoyions v. envoyiez ils envoient	j' envoyasse tu envoyasses il envoyât n. envoyassions v. envoyassiez ils envoyassent	envoie envoyons envoyez	注未来, 条・現を除い ては, 13 と同じ. **renvoyer**
j' irais tu irais il irait n. irions v. iriez ils iraient	j' **aille** tu **ailles** il **aille** n. allions v. alliez ils **aillent**	j' allasse tu allasses il allât n. allassions v. allassiez ils allassent	**va** allons allez	注yがつくとき命令法・ 現在は vas: vas-y. 直・ 現・3 人称複数に ont の 語尾をもつものは他に ont (avoir), sont (être), font (faire)のみ.
je finirais tu finirais il finirait n. finirions v. finîriez ils finiraient	je finisse tu finisses il finisse n. finissions v. finissiez ils finissent	je finisse tu finisses il finît n. finissions v. finissiez ils finissent	finis finissons finissez	注finir 型の動詞を第 2 群規則動詞という.
je partirais tu partirais il partirait n. partirions v. partiriez ils partiraient	je parte tu partes il parte n. partions v. partiez ils partent	je partisse tu partisses il partît n. partissions v. partissiez ils partissent	pars partons partez	注助動詞は être. **sortir**
je sentirais tu sentirais il sentirait n. sentirions v. sentiriez ils sentiraient	je sente tu sentes il sente n. sentions v. sentiez ils sentent	je sentisse tu sentisses il sentît n. sentissions v. sentissiez ils sentissent	sens sentons sentez	注18と助動詞を除 けば同型.
je tiendrais tu tiendrais il tiendrait n. tiendrions v. tiendriez ils tiendraient	je tienne tu tiennes il tienne n. tenions v. teniez ils tiennent	je tinsse tu tinsses il tînt n. tinssions v. tinssiez ils tinssent	tiens tenons tenez	注**venir 21** と同型, ただし, 助動詞は avoir.

不 定 法 現在分詞 過去分詞	直　説　法			
	現　　在	半 過 去	単純過去	単純未来
21. venir *venant* *venu*	je viens tu viens il vient n. venons v. venez ils viennent	je venais tu venais il venait n. venions v. veniez ils venaient	je vins tu vins il vint n. vînmes v. vîntes ils vinrent	je **viendrai** tu **viendras** il **viendra** n. **viendrons** v. **viendrez** ils **viendront**
22. accueillir *accueillant* *accueilli*	j' **accueille** tu **accueilles** il **accueille** n. accueillons v. accueillez ils accueillent	j' accueillais tu accueillais il accueillait n. accueillions v. accueilliez ils accueillaient	j' accueillis tu accueillis il accueillit n. accueillîmes v. accueillîtes ils accueillirent	j' **accueillerai** tu **accueilleras** il **accueillera** n. **accueillerons** v. **accueillerez** ils **accueilleront**
23. ouvrir *ouvrant* *ouvert*	j' **ouvre** tu **ouvres** il **ouvre** n. ouvrons v. ouvrez ils ouvrent	j' ouvrais tu ouvrais il ouvrait n. ouvrions v. ouvriez ils ouvraient	j' ouvris tu ouvris il ouvrit n. ouvrîmes v. ouvrîtes ils ouvrirent	j' ouvrirai tu ouvriras il ouvrira n. ouvrirons v. ouvrirez ils ouvriront
24. courir *courant* *couru*	je cours tu cours il court n. courons v. courez ils courent	je courais tu courais il courait n. courions v. couriez ils couraient	je courus tu courus il courut n. courûmes v. courûtes ils coururent	je **courrai** tu **courras** il **courra** n. **courrons** v. **courrez** ils **courront**
25. mourir *mourant* *mort*	je meurs tu meurs il meurt n. mourons v. mourez ils meurent	je mourais tu mourais il mourait n. mourions v. mouriez ils mouraient	je mourus tu mourus il mourut n. mourûmes v. mourûtes ils moururent	je **mourrai** tu **mourras** il **mourra** n. **mourrons** v. **mourrez** ils **mourront**
26. acquérir *acquérant* *acquis*	j' acquiers tu acquiers il acquiert n. acquérons v. acquérez ils acquièrent	j' acquérais tu acquérais il acquérait n. acquérions v. acquériez ils acquéraient	j' acquis tu acquis il acquit n. acquîmes v. acquîtes ils acquirent	j' **acquerrai** tu **acquerras** il **acquerra** n. **acquerrons** v. **acquerrez** ils **acquerront**
27. fuir *fuyant* *fui*	je fuis tu fuis il fuit n. fuyons v. fuyez ils fuient	je fuyais tu fuyais il fuyait n. fuyions v. fuyiez ils fuyaient	je fuis tu fuis il fuit n. fuîmes v. fuîtes ils fuirent	je fuirai tu fuiras il fuira n. fuirons v. fuirez ils fuiront

条 件 法	接 続 法		命 令 法	同 型
現　　在	現　　在	半 過 去		
je viendrais tu viendrais il viendrait n. viendrions v. viendriez ils viendraient	je vienne tu viennes il vienne n. venions v. veniez ils viennent	je vinsse tu vinsses il vînt n. vinssions v. vinssiez ils vinssent	viens venons venez	注 助動詞は être. **devenir** **intervenir** **prévenir** **revenir** **(se) souvenir**
j' accueillerais tu accueillerais il accueillerait n. accueillerions v. accueilleriez ils accueilleraient	j' accueille tu accueilles il accueille n. accueillions v. accueilliez ils accueillent	j' accueillisse tu accueillisses il accueillît n. accueillissions v. accueillissiez ils accueillissent	**accueille** accueillons accueillez	**cueillir**
j' ouvrirais tu ouvrirais il ouvrirait n. ouvririons v. ouvririez ils ouvriraient	j' ouvre tu ouvres il ouvre n. ouvrions v. ouvriez ils ouvrent	j' ouvrisse tu ouvrisses il ouvrît n. ouvrissions v. ouvrissiez ils ouvrissent	**ouvre** ouvrons ouvrez	**couvrir** **découvrir** **offrir** **souffrir**
je courrais tu courrais il courrait n. courrions v. courriez ils courraient	je coure tu coures il coure n. courions v. couriez ils courent	je courusse tu courusses il courût n. courussions v. courussiez ils courussent	cours courons courez	**accourir**
je mourrais tu mourrais il mourrait n. mourrions v. mourriez ils mourraient	je meure tu meures il meure n. mourions v. mouriez ils meurent	je mourusse tu mourusses il mourût n. mourussions v. mourussiez ils mourussent	meurs mourons mourez	注 助動詞は être.
j' acquerrais tu acquerrais il acquerrait n. acquerrions v. acquerriez ils acquerraient	j' acquière tu acquières il acquière n. acquérions v. acquériez ils acquièrent	j' acquisse tu acquisses il acquît n. acquissions v. acquissiez ils acquissent	acquiers acquérons acquérez	**conquérir**
je fuirais tu fuirais il fuirait n. fuirions v. fuiriez ils fuiraient	je fuie tu fuies il fuie n. fuyions v. fuyiez ils fuient	je fuisse tu fuisses il fuît n. fuissions v. fuissiez ils fuissent	fuis fuyons fuyez	**s'enfuir**

不 定 法 現在分詞 過去分詞	直 説 法			
	現　　在	半 過 去	単純過去	単純未来
28. rendre *rendant* *rendu*	je rends tu rends il **rend** n. rendons v. rendez ils rendent	je rendais tu rendais il rendait n. rendions v. rendiez ils rendaient	je rendis tu rendis il rendit n. rendîmes v. rendîtes ils rendirent	je rendrai tu rendras il rendra n. rendrons v. rendrez ils rendront
29. prendre *prenant* *pris*	je prends tu prends il **prend** n. prenons v. prenez ils prennent	je prenais tu prenais il prenait n. prenions v. preniez ils prenaient	je pris tu pris il prit n. prîmes v. prîtes ils prirent	je prendrai tu prendras il prendra n. prendrons v. prendrez ils prendront
30. craindre *craignant* *craint*	je crains tu crains il craint n. craignons v. craignez ils craignent	je craignais tu craignais il craignait n. craignions v. craigniez ils craignaient	je craignis tu craignis il craignit n. craignîmes v. craignîtes ils craignirent	je craindrai tu craindras il craindra n. craindrons v. craindrez ils craindront
31. faire *faisant* *fait*	je fais tu fais il fait n. faisons v. **faites** ils **font**	je faisais tu faisais il faisait n. faisions v. faisiez ils faisaient	je fis tu fis il fit n. fîmes v. fîtes ils firent	je **ferai** tu **feras** il **fera** n. **ferons** v. **ferez** ils **feront**
32. dire *disant* *dit*	je dis tu dis il dit n. disons v. **dites** ils disent	je disais tu disais il disait n. disions v. disiez ils disaient	je dis tu dis il dit n. dîmes v. dîtes ils dirent	je dirai tu diras il dira n. dirons v. direz ils diront
33. lire *lisant* *lu*	je lis tu lis il lit n. lisons v. lisez ils lisent	je lisais tu lisais il lisait n. lisions v. lisiez ils lisaient	je lus tu lus il lut n. lûmes v. lûtes ils lurent	je lirai tu liras il lira n. lirons v. lirez ils liront
34. suffire *suffisant* *suffi*	je suffis tu suffis il suffit n. suffisons v. suffisez ils suffisent	je suffisais tu suffisais il suffisait n. suffisions v. suffisiez ils suffisaient	je suffis tu suffis il suffit n. suffîmes v. suffîtes ils suffirent	je suffirai tu suffiras il suffira n. suffirons v. suffirez ils suffiront

条 件 法	接 続 法		命 令 法	同 型
現　　在	現　　在	半 過 去		
je　rendrais tu　rendrais il　rendrait n.　rendrions v.　rendriez ils　rendraient	je　rende tu　rendes il　rende n.　rendions v.　rendiez ils　rendent	je　rendisse tu　rendisses il　rendît n.　rendissions v.　rendissiez ils　rendissent	rends rendons rendez	**attendre** **descendre** **entendre** **pendre** **perdre** **répandre** **répondre** **vendre**
je　prendrais tu　prendrais il　prendrait n.　prendrions v.　prendriez ils　prendraient	je　prenne tu　prennes il　prenne n.　prenions v.　preniez ils　prennent	je　prisse tu　prisses il　prît n.　prissions v.　prissiez ils　prissent	prends prenons prenez	**apprendre** **comprendre** **entreprendre** **reprendre** **surprendre**
je　craindrais tu　craindrais il　craindrait n.　craindrions v.　craindriez ils　craindraient	je　craigne tu　craignes il　craigne n.　craignions v.　craigniez ils　craignent	je　craignisse tu　craignisses il　craignît n.　craignissions v.　craignissiez ils　craignissent	crains craignons craignez	**atteindre** **éteindre** **joindre** **peindre** **plaindre**
je　ferais tu　ferais il　ferait n.　ferions v.　feriez ils　feraient	je　**fasse** tu　**fasses** il　**fasse** n.　**fassions** v.　**fassiez** ils　**fassent**	je　fisse tu　fisses il　fît n.　fissions v.　fissiez ils　fissent	fais faisons **faites**	**défaire** **refaire** **satisfaire** 注fais-[f(ə)z-]
je　dirais tu　dirais il　dirait n.　dirions v.　diriez ils　diraient	je　dise tu　dises il　dise n.　disions v.　disiez ils　disent	je　disse tu　disses il　dît n.　dissions v.　dissiez ils　dissent	dis disons **dites**	**redire**
je　lirais tu　lirais il　lirait n.　lirions v.　liriez ils　liraient	je　lise tu　lises il　lise n.　lisions v.　lisiez ils　lisent	je　lusse tu　lusses il　lût n.　lussions v.　lussiez ils　lussent	lis lisons lisez	**relire** **élire**
je　suffirais tu　suffirais il　suffirait n.　suffirions v.　suffiriez ils　suffiraient	je　suffise tu　suffises il　suffise n.　suffisions v.　suffisiez ils　suffisent	je　suffisse tu　suffisses il　suffît n.　suffissions v.　suffissiez ils　suffissent	suffis suffisons suffisez	

不 定 法 現在分詞 過去分詞	直 説 法			
	現　在	半 過 去	単純過去	単純未来
35. conduire *conduisant* *conduit*	je conduis tu conduis il conduit n. conduisons v. conduisez ils conduisent	je conduisais tu conduisais il conduisait n. conduisions v. conduisiez ils conduisaient	je conduisis tu conduisis il conduisit n. conduisîmes v. conduisîtes ils conduisirent	je conduirai tu conduiras il conduira n. conduirons v. conduirez ils conduiront
36. plaire *plaisant* *plu*	je plais tu plais il **plaît** n. plaisons v. plaisez ils plaisent	je plaisais tu plaisais il plaisait n. plaisions v. plaisiez ils plaisaient	je plus tu plus il plut n. plûmes v. plûtes ils plurent	je plairai tu plairas il plaira n. plairons v. plairez ils plairont
37. coudre *cousant* *cousu*	je couds tu couds il coud n. cousons v. cousez ils cousent	je cousais tu cousais il cousait n. cousions v. cousiez ils cousaient	je cousis tu cousis il cousit n. cousîmes v. cousîtes ils cousirent	je coudrai tu coudras il coudra n. coudrons v. coudrez ils coudront
38. suivre *suivant* *suivi*	je suis tu suis il suit n. suivons v. suivez ils suivent	je suivais tu suivais il suivait n. suivions v. suiviez ils suivaient	je suivis tu suivis il suivit n. suivîmes v. suivîtes ils suivirent	je suivrai tu suivras il suivra n. suivrons v. suivrez ils suivront
39. vivre *vivant* *vécu*	je vis tu vis il vit n. vivons v. vivez ils vivent	je vivais tu vivais il vivait n. vivions v. viviez ils vivaient	je vécus tu vécus il vécut n. vécûmes v. vécûtes ils vécurent	je vivrai tu vivras il vivra n. vivrons v. vivrez ils vivront
40. écrire *écrivant* *écrit*	j' écris tu écris il écrit n. écrivons v. écrivez ils écrivent	j' écrivais tu écrivais il écrivait n. écrivions v. écriviez ils écrivaient	j' écrivis tu écrivis il écrivit n. écrivîmes v. écrivîtes ils écrivirent	j' écrirai tu écriras il écrira n. écrirons v. écrirez ils écriront
41. boire *buvant* *bu*	je bois tu bois il boit n. buvons v. buvez ils boivent	je buvais tu buvais il buvait n. buvions v. buviez ils buvaient	je bus tu bus il but n. bûmes v. bûtes ils burent	je boirai tu boiras il boira n. boirons v. boirez ils boiront

条 件 法	接 続 法		命 令 法	同 型
現　　在	現　　在	半　過　去		
je conduirais tu conduirais il conduirait n. conduirions v. conduiriez ils conduiraient	je conduise tu conduises il conduise n. conduisions v. conduisiez ils conduisent	je conduisisse tu conduisisses il conduisît n. conduisissions v. conduisissiez ils conduisissent	conduis conduisons conduisez	**construire** **cuire** **détruire** **instruire** **introduire** **produire** **traduire**
je plairais tu plairais il plairait n. plairions v. plairiez ils plairaient	je plaise tu plaises il plaise n. plaisions v. plaisiez ils plaisent	je plusse tu plusses il plût n. plussions v. plussiez ils plussent	plais plaisons plaisez	**déplaire** **(se) taire** （ただし il se tait）
je coudrais tu coudrais il coudrait n. coudrions v. coudriez ils coudraient	je couse tu couses il couse n. cousions v. cousiez ils cousent	je cousisse tu cousisses il cousît n. cousissions v. cousissiez ils cousissent	couds cousons cousez	
je suivrais tu suivrais il suivrait n. suivrions v. suivriez ils suivraient	je suive tu suives il suive n. suivions v. suiviez ils suivent	je suivisse tu suivisses il suivît n. suivissions v. suivissiez ils suivissent	suis suivons suivez	**poursuivre**
je vivrais tu vivrais il vivrait n. vivrions v. vivriez ils vivraient	je vive tu vives il vive n. vivions v. viviez ils vivent	je vécusse tu vécusses il vécût n. vécussions v. vécussiez ils vécussent	vis vivons vivez	
j' écrirais tu écrirais il écrirait n. écririons v. écririez ils écriraient	j' écrive tu écrives il écrive n. écrivions v. écriviez ils écrivent	j' écrivisse tu écrivisses il écrivît n. écrivissions v. écrivissiez ils écrivissent	écris écrivons écrivez	**décrire** **inscrire**
je boirais tu boirais il boirait n. boirions v. boiriez ils boiraient	je boive tu boives il boive n. buvions v. buviez ils boivent	je busse tu busses il bût n. bussions v. bussiez ils bussent	bois buvons buvez	

不 定 法 現在分詞 過去分詞	直 説 法			
	現 在	半 過 去	単 純 過 去	単 純 未来
42. résoudre *résolvant* *résolu*	je résous tu résous il résout n. résolvons v. résolvez ils résolvent	je résolvais tu résolvais il résolvait n. résolvions v. résolviez ils résolvaient	je résolus tu résolus il résolut n. résolûmes v. résolûtes ils résolurent	je résoudrai tu résoudras il résoudra n. résoudrons v. résoudrez ils résoudront
43. connaître *connaissant* *connu*	je connais tu connais il **connaît** n. connaissons v. connaissez ils connaissent	je connaissais tu connaissais il connaissait n. connaissions v. connaissiez ils connaissaient	je connus tu connus il connut n. connûmes v. connûtes ils connurent	je connaîtrai tu connaîtras il connaîtra n. connaîtrons v. connaîtrez ils connaîtront
44. naître *naissant* *né*	je nais tu nais il **naît** n. naissons v. naissez ils naissent	je naissais tu naissais il naissait n. naissions v. naissiez ils naissaient	je naquis tu naquis il naquit n. naquîmes v. naquîtes ils naquirent	je naîtrai tu naîtras il naîtra n. naîtrons v. naîtrez ils naîtront
45. croire *croyant* *cru*	je crois tu crois il croit n. croyons v. croyez ils croient	je croyais tu croyais il croyait n. croyions v. croyiez ils croyaient	je crus tu crus il crut n. crûmes v. crûtes ils crurent	je croirai tu croiras il croira n. croirons v. croirez ils croiront
46. battre *battant* *battu*	je bats tu bats il **bat** n. battons v. battez ils battent	je battais tu battais il battait n. battions v. battiez ils battaient	je battis tu battis il battit n. battîmes v. battîtes ils battirent	je battrai tu battras il battra n. battrons v. battrez ils battront
47. mettre *mettant* *mis*	je mets tu mets il **met** n. mettons v. mettez ils mettent	je mettais tu mettais il mettait n. mettions v. mettiez ils mettaient	je mis tu mis il mit n. mîmes v. mîtes ils mirent	je mettrai tu mettras il mettra n. mettrons v. mettrez ils mettront
48. rire *riant* *ri*	je ris tu ris il rit n. rions v. riez ils rient	je riais tu riais il riait n. riions v. riiez ils riaient	je ris tu ris il rit n. rîmes v. rîtes ils rirent	je rirai tu riras il rira n. rirons v. rirez ils riront

条　件　法		接　続　法		命　令　法	同　型
現　在		現　在	半　過　去		
je résoudrais tu résoudrais il résoudrait n. résoudrions v. résoudriez ils résoudraient		je résolve tu résolves il résolve n. résolvions v. résolviez ils résolvent	je résolusse tu résolusses il résolût n. résolussions v. résolussiez ils résolussent	résous résolvons résolvez	
je connaîtrais tu connaîtrais il connaîtrait n. connaîtrions v. connaîtriez ils connaîtraient		je connaisse tu connaisses il connaisse n. connaissions v. connaissiez ils connaissent	je connusse tu connusses il connût n. connussions v. connussiez ils connussent	connais connaissons connaissez	注 t の前にくるとき i→î. **apparaître** **disparaître** **paraître** **reconnaître**
je naîtrais tu naîtrais il naîtrait n. naîtrions v. naîtriez ils naîtraient		je naisse tu naisses il naisse n. naissions v. naissiez ils naissent	je naquisse tu naquisses il naquît n. naquissions v. naquissiez ils naquissent	nais naissons naissez	注 t の前にくるとき i→î. 助動詞はêtre.
je croirais tu croirais il croirait n. croirions v. croiriez ils croiraient		je croie tu croies il croie n. croyions v. croyiez ils croient	je crusse tu crusses il crût n. crussions v. crussiez ils crussent	crois croyons croyez	
je battrais tu battrais il battrait n. battrions v. battriez ils battraient		je batte tu battes il batte n. battions v. battiez ils battent	je battisse tu battisses il battît n. battissions v. battissiez ils battissent	bats battons battez	**abattre** **combattre**
je mettrais tu mettrais il mettrait n. mettrions v. mettriez ils mettraient		je mette tu mettes il mette n. mettions v. mettiez ils mettent	je misse tu misses il mît n. missions v. missiez ils missent	mets mettons mettez	**admettre** **commettre** **permettre** **promettre** **remettre**
je rirais tu rirais il rirait n. ririons v. ririez ils riraient		je rie tu ries il rie n. riions v. riiez ils rient	je risse tu risses il rît n. rissions v. rissiez ils rissent	ris rions riez	**sourire**

不 定 法 現在分詞 過去分詞	直　説　法			
	現　　在	半 過 去	単純過去	単純未来
49. conclure *concluant* *conclu*	je conclus tu conclus il conclut n. concluons v. concluez ils concluent	je concluais tu concluais il concluait n. concluions v. concluiez ils concluaient	je conclus tu conclus il conclut n. conclûmes v. conclûtes ils conclurent	je conclurai tu concluras il conclura n. conclurons v. conclurez ils concluront
50. rompre *rompant* *rompu*	je romps tu romps il rompt n. rompons v. rompez ils rompent	je rompais tu rompais il rompait n. rompions v. rompiez ils rompaient	je rompis tu rompis il rompit n. rompîmes v. rompîtes ils rompirent	je romprai tu rompras il rompra n. romprons v. romprez ils rompront
51. vaincre *vainquant* *vaincu*	je vaincs tu vaincs il **vainc** n. vainquons v. vainquez ils vainquent	je vainquais tu vainquais il vainquait n. vainquions v. vainquiez ils vainquaient	je vainquis tu vainquis il vainquit n. vainquîmes v. vainquîtes ils vainquirent	je vaincrai tu vaincras il vaincra n. vaincrons v. vaincrez ils vaincront
52. recevoir *recevant* *reçu*	je reçois tu reçois il reçoit n. recevons v. recevez ils reçoivent	je recevais tu recevais il recevait n. recevions v. receviez ils recevaient	je reçus tu reçus il reçut n. reçûmes v. reçûtes ils reçurent	je **recevrai** tu **recevras** il **recevra** n. **recevrons** v. **recevrez** ils **recevront**
53. devoir *devant* *dû* (due, dus, dues)	je dois tu dois il doit n. devons v. devez ils doivent	je devais tu devais il devait n. devions v. deviez ils devaient	je dus tu dus il dut n. dûmes v. dûtes ils durent	je **devrai** tu **devras** il **devra** n. **devrons** v. **devrez** ils **devront**
54. pouvoir *pouvant* *pu*	je **peux (puis)** tu **peux** il peut n. pouvons v. pouvez ils peuvent	je pouvais tu pouvais il pouvait n. pouvions v. pouviez ils pouvaient	je pus tu pus il put n. pûmes v. pûtes ils purent	je **pourrai** tu **pourras** il **pourra** n. **pourrons** v. **pourrez** ils **pourront**
55. émouvoir *émouvant* *ému*	j' émeus tu émeus il émeut n. émouvons v. émouvez ils émeuvent	j' émouvais tu émouvais il émouvait n. émouvions v. émouviez ils émouvaient	j' émus tu émus il émut n. émûmes v. émûtes ils émurent	j' **émouvrai** tu **émouvras** il **émouvra** n. **émouvrons** v. **émouvrez** ils **émouvront**

条 件 法	接 続 法		命 令 法	同 型
現 在	現 在	半 過 去		
je conclurais tu conclurais il conclurait n. conclurions v. concluriez ils concluraient	je conclue tu conclues il conclue n. concluions v. concluiez ils concluent	je conclusse tu conclusses il conclût n. conclussions v. conclussiez ils conclussent	conclus concluons concluez	
je romprais tu romprais il romprait n. romprions v. rompriez ils rompraient	je rompe tu rompes il rompe n. rompions v. rompiez ils rompent	je rompisse tu rompisses il rompît n. rompissions v. rompissiez ils rompissent	romps rompons rompez	**interrompre**
je vaincrais tu vaincrais il vaincrait n. vaincrions v. vaincriez ils vaincraient	je vainque tu vainques il vainque n. vainquions v. vainquiez ils vainquent	je vainquisse tu vainquisses il vainquît n. vainquissions v. vainquissiez ils vainquissent	vaincs vainquons vainquez	**convaincre**
je recevrais tu recevrais il recevrait n. recevrions v. recevriez ils recevraient	je reçoive tu reçoives il reçoive n. recevions v. receviez ils reçoivent	je reçusse tu reçusses il reçût n. reçussions v. reçussiez ils reçussent	reçois recevons recevez	**apercevoir** **concevoir**
je devrais tu devrais il devrait n. devrions v. devriez ils devraient	je doive tu doives il doive n. devions v. deviez ils doivent	je dusse tu dusses il dût n. dussions v. dussiez ils dussent	dois devons devez	注命令法はほとんど 用いられない。
je pourrais tu pourrais il pourrait n. pourrions v. pourriez ils pourraient	je **puisse** tu **puisses** il **puisse** n. **puissions** v. **puissiez** ils **puissent**	je pusse tu pusses il pût n. pussions v. pussiez ils pussent		注命令法はない.
j' émouvrais tu émouvrais il émouvrait n. émouvrions v. émouvriez ils émouvraient	j' émeuve tu émeuves il émeuve n. émouvions v. émouviez ils émeuvent	j' émusse tu émusses il émût n. émussions v. émussiez ils émussent	émeus émouvons émouvez	**mouvoir** ただし過去分詞は mû (mue, mus, mues)

不　定　法 現在分詞 過去分詞	直　　説　　法			
	現　　　在	半　過　去	単純過去	単純未来
56. savoir *sachant* *su*	je sais tu sais il sait n. savons v. savez ils savent	je savais tu savais il savait n. savions v. saviez ils savaient	je sus tu sus il sut n. sûmes v. sûtes ils surent	je **saurai** tu **sauras** il **saura** n. **saurons** v. **saurez** ils **sauront**
57. voir *voyant* *vu*	je vois tu vois il voit n. voyons v. voyez ils voient	je voyais tu voyais il voyait n. voyions v. voyiez ils voyaient	je vis tu vis il vit n. vîmes v. vîtes ils virent	je **verrai** tu **verras** il **verra** n. **verrons** v. **verrez** ils **verront**
58. vouloir *voulant* *voulu*	je **veux** tu **veux** il veut n. voulons v. voulez ils veulent	je voulais tu voulais il voulait n. voulions v. vouliez ils voulaient	je voulus tu voulus il voulut n. voulûmes v. voulûtes ils voulurent	je **voudrai** tu **voudras** il **voudra** n. **voudrons** v. **voudrez** ils **voudront**
59. valoir *valant* *valu*	je **vaux** tu **vaux** il vaut n. valons v. valez ils valent	je valais tu valais il valait n. valions v. valiez ils valaient	je valus tu valus il valut n. valûmes v. valûtes ils valurent	je **vaudrai** tu **vaudras** il **vaudra** n. **vaudrons** v. **vaudrez** ils **vaudront**
60. s'asseoir *s'asseyant*[1] *assis*	je m'assieds[1] tu t'assieds il **s'assied** n. n. asseyons v. v. asseyez ils s'asseyent	je m'asseyais[1] tu t'asseyais il s'asseyait n. n. asseyions v. v. asseyiez ils s'asseyaient	je m'assis tu t'assis il s'assit n. n. assîmes v. v. assîtes ils s'assirent	je m'**assiérai**[1] tu t'**assiéras** il s'**assiéra** n. n. **assiérons** v. v. **assiérez** ils s'**assiéront**
s'assoyant[2]	je m'assois[2] tu t'assois il s'assoit n. n. assoyons v. v. assoyez ils s'assoient	je m'assoyais[2] tu t'assoyais il s'assoyait n. n. assoyions v. v. assoyiez ils s'assoyaient		je m'**assoirai**[2] tu t'**assoiras** il s'**assoira** n. n. **assoirons** v. v. **assoirez** ils s'**assoiront**
61. pleuvoir *pleuvant* *plu*	il pleut	il pleuvait	il plut	il **pleuvra**
62. falloir *fallu*	il faut	il fallait	il fallut	il **faudra**

22

条件法	接続法		命令法	同　型
現　　在	現　　在	半　過　去		
je saurais tu saurais il saurait n. saurions v. sauriez ils sauraient	je **sache** tu **saches** il **sache** n. **sachions** v. **sachiez** ils **sachent**	je susse tu susses il sût n. sussions v. sussiez ils sussent	**sache** **sachons** **sachez**	
je verrais tu verrais il verrait n. verrions v. verriez ils verraient	je voie tu voies il voie n. voyions v. voyiez ils voient	je visse tu visses il vît n. vissions v. vissiez ils vissent	vois voyons voyez	**revoir**
je voudrais tu voudrais il voudrait n. voudrions v. voudriez ils voudraient	je **veuille** tu **veuilles** il **veuille** n. voulions v. vouliez ils **veuillent**	je voulusse tu voulusses il voulût n. voulussions v. voulussiez ils voulussent	**veuille** **veuillons** **veuillez**	
je vaudrais tu vaudrais il vaudrait n. vaudrions v. vaudriez ils vaudraient	je **vaille** tu **vailles** il **vaille** n. valions v. valiez ils **vaillent**	je valusse tu valusses il valût n. valussions v. valussiez ils valussent		注命令法はほとんど用いられない.
je m'assiérais[1] tu t'assiérais il s'assiérait n. n. assiérions v. v. assiériez ils s'assiéraient	je m'asseye[1] tu t'asseyes il s'asseye n. n. asseyions v. v. asseyiez ils s'asseyent	j' m'assisse tu t'assisses il s'assît n. n. assissions v. v. assissiez ils s'assissent	assieds-toi[1] asseyons-nous asseyez-vous	注時称により2種の活用があるが, (1)は古来の活用で, (2)は俗語調である. (1)の方が多く使われる.
je m'assoirais[2] tu t'assoirais il s'assoirait n. n. assoirions v. v. assoiriez ils s'assoiraient	je m'assoie[2] tu t'assoies il s'assoie n. n. assoyions v. v. assoyiez ils s'assoient		assois-toi[2] assoyons-nous assoyez-vous	
il pleuvrait	il pleuve	il plût		注命令法はない.
il faudrait	il **faille**	il fallût		注命令法・現在分詞はない.

NUMÉRAUX（数詞）

CARDINAUX（基数）	ORDINAUX（序数）		CARDINAUX	ORDINAUX
1 **un, une**	**premier（première）**	90	quatre-vingt-dix	quatre-vingt-dixième
2 deux	deuxième, second（e）	91	quatre-vingt-onze	quatre-vingt-onzième
3 trois	troisième	92	quatre-vingt-douze	quatre-vingt-douzième
4 quatre	quatrième	100	**cent**	**centième**
5 cinq	cinquième	101	cent un	cent（et）unième
6 six	sixième	102	cent deux	cent deuxième
7 sept	septième	110	cent dix	cent dixième
8 huit	huitième	120	cent vingt	cent vingtième
9 neuf	neuvième	130	cent trente	cent trentième
10 **dix**	**dixième**	140	cent quarante	cent quarantième
11 onze	onzième	150	cent cinquante	cent cinquantième
12 douze	douzième	160	cent soixante	cent soixantième
13 treize	treizième	170	cent soixante-dix	cent soixante-dixième
14 quatorze	quatorzième	180	cent quatre-vingts	cent quatre-vingtième
15 quinze	quinzième	190	cent quatre-vingt-dix	cent quatre-vingt-dixième
16 seize	seizième	200	**deux cents**	**deux centième**
17 dix-sept	dix-septième	201	deux cent un	deux cent unième
18 dix-huit	dix-huitième	202	deux cent deux	deux cent deuxième
19 dix-neuf	dix-neuvième	300	**trois cents**	**trois centième**
20 **vingt**	**vingtième**	301	trois cent un	trois cent unième
21 vingt et un	vingt et unième	302	trois cent deux	trois cent deuxième
22 vingt-deux	vingt-deuxième	400	**quatre cents**	**quatre centième**
23 vingt-trois	vingt-troisième	401	quatre cent un	quatre cent unième
30 **trente**	**trentième**	402	quatre cent deux	quatre cent deuxième
31 trente et un	trente et unième	500	**cinq cents**	**cinq centième**
32 trente-deux	trente-deuxième	501	cinq cent un	cinq cent unième
40 **quarante**	**quarantième**	502	cinq cent deux	cinq cent deuxième
41 quarante et un	quarante et unième	600	**six cents**	**six centième**
42 quarante-deux	quarante-deuxième	601	six cent un	six cent unième
50 **cinquante**	**cinquantième**	602	six cent deux	six cent deuxième
51 cinquante et un	cinquante et unième	700	**sept cents**	**sept centième**
52 cinquante-deux	cinquante-deuxième	701	sept cent un	sept cent unième
60 **soixante**	**soixantième**	702	sept cent deux	sept cent deuxième
61 soixante et un	soixante et unième	800	**huit cents**	**huit centième**
62 soixante-deux	soixante-deuxième	801	huit cent un	huit cent unième
70 **soixante-dix**	**soixante-dixième**	802	huit cent deux	huit cent deuxième
71 soixante et onze	soixante et onzième	900	**neuf cents**	**neuf centième**
72 soixante-douze	soixante-douzième	901	neuf cent un	neuf cent unième
80 **quatre-vingts**	**quatre-vingtième**	902	neuf cent deux	neuf cent deuxième
81 quatre-vingt-un	quatre-vingt-unième	1000	**mille**	**millième**
82 quatre-vingt-deux	quatre-vingt-deuxième			

1 000 000　|　**un million**　|　**millionième**　‖　1 000 000 000　|　**un milliard**　|　**milliardième**